Barbara Schöning
Nadja Steffen
Kerstin Röhrs

Hundesprache

Kosmos

INHALT

Was ist Kommunikation? ▸ 4
- 5 ▸ Nachrichtenaustausch
- 5 ▸ Biologische Systeme
- 6 ▸ Bedürfnisse des Hundes
- 7 ▸ Leben in fremden Kulturen
- 8 ▸ Lernen durch Kommunikation
- 8 ▸ Missverständnisse
- 9 ▸ Schluss mit »alten Hüten«

Informationssysteme ▸ 10
- 11 ▸ Das komplexe System
- 11 ▸ Sender, Empfänger und Information
- 12 ▸ Signale als Informationsträger
- 13 ▸ Wie Hunde Signale empfangen
- 14 ▸ Wie man funktionierende Kommunikation erkennt
- 16 ▸ Trainieren eines Signals

Wie funktioniert Kommunikation? ▸ 18
- 19 ▸ Entstehung
- 20 ▸ Gründe für Kommunikation
- 21 ▸ Das »egoistische« Gen
- 22 ▸ Fortpflanzung bei Wölfen
- 24 ▸ Entwicklung von Signalen
- 25 ▸ Signalausprägung
- 27 ▸ Ritualisierung von Signalen
- 28 ▸ Veränderung von Signalen
- 30 ▸ Täuschungssignale
- 32 ▸ Kommunikation zwischen verschiedenen Tierarten
- 34 ▸ »Games-Theory«

Der Hund – ein Rudeltier ▸ 37
- 38 ▸ Kommunikationsstrategien
- 38 ▸ Schadensvermeidung
- 41 ▸ Umgang mit Gefahr
- 41 ▸ Lernen durch Erfahrung
- 43 ▸ Bildung von Hierarchien
- 44 ▸ Begegnungen zwischen rudelfremden Tieren
- 46 ▸ Wie Welpen Hundesprache lernen
- 46 ▸ Soziale Spielregeln im Rudel
- 50 ▸ Geräusche, Nase und Körpersprache

Vom Wolf zum Hund ▸ 51
- 52 ▸ Sozialer Umgang
- 52 ▸ Verständigung
- 53 ▸ Körpersprache und Mimik
- 54 ▸ Unterschiede zwischen Wolf und Hund
- 58 ▸ Verstehen unterschiedlicher »Dialekte«
- 58 ▸ Sicheres/Unsicheres Verhalten

INHALT

Hundesprache verstehen ▸ 62

64	▸ Aktive Unterwerfung	74	▸ Angriff
65	▸ Imponierverhalten	76	▸ Beschwichtigungs-
66	▸ Imponierverhalten zwischen		verhalten
	gleichgeschlechtlichen Tieren	77	▸ Passive Demut
66	▸ Markieren	78	▸ Spielverhalten
67	▸ T-Sequenz	80	▸ Die Beißhemmung
68	▸ Offensives und defensives	81	▸ Übersprungshandlungen
	Verhalten	81	▸ Ranganmaßende Gesten
72	▸ Drohverhalten	81	▸ Rangzeigende Gesten

Mensch und Hund im Gespräch ▸ 82

83	▸ Auf dem Weg zum Verständnis	91	▸ Spielverhalten
84	▸ Wo Probleme entstehen	93	▸ Rangordnung – Hierarchie
84	▸ Signalübertragung		zwischen Hunden und
86	▸ Bedeutung von Sozialkontakten		Menschen
86	▸ Leben in der Gruppe	93	▸ Entwicklung von Rang-
86	▸ Sozialpartner Mensch		unterschieden
88	▸ Begrüßungsrituale	96	▸ Kinder und Hunde
89	▸ Haben Hunde ein schlechtes	97	▸ Rangzeigende Gesten
	Gewissen?		

Verständigung im Training ▸ 99

100	▸ Wie Probleme entstehen	105	▸ Druck durch bewusste
100	▸ Unzureichend trainierte oder		Kommunikation
	unklare Signale	105	▸ Rangordnung und Gehorsam
102	▸ Unbewusste Kommunikation	109	▸ Verhaltensprobleme erkennen
	beim Training	109	▸ Angst und Aggression
104	▸ Ausüben von Druck und	112	▸ Individualdistanz
	Bestrafung	113	▸ Lernen am Erfolg
104	▸ Druck durch unbewusste	115	▸ Ein Wort zum Schluss
	Kommunikation		

Service ▸ 116

117	▸ Lexikon	120	▸ Register
119	▸ Zum Weiterlesen	122	▸ Impressum
119	▸ Nützliche Adressen	124	▸ Infoline

Was ist Kommunikation?

5 ▶ Nachrichtenaustausch   8 ▶ Lernen durch Kommunikation

Nachrichtenaustausch

Wir leben im Zeitalter der Kommunikation – dies wird uns zumindest permanent gesagt. Weniger deutlich wird gesagt, was Kommunikation eigentlich ist, was es im Einzelnen bedeutet zu kommunizieren und was dabei alles schief laufen kann.

▶ Welche Auswirkungen hat es, wenn die Kommunikation schief läuft?
▶ Mit wem oder was kann man kommunizieren?
▶ Wie sollte Kommunikation ablaufen?
▶ Muss man sich überhaupt Gedanken über Kommunikation machen – noch dazu mit Hunden?

Auf die letzte Frage gibt es nur eine Antwort: ein dickes, großes und fett gedrucktes **JA**!

▶ **Biologische Systeme**

»Kommunikation« bedeutet nichts anderes als »Nachrichtenaustausch«. Sehr abstrakt formuliert: Es findet eine Verständigung zwischen biologischen oder technischen Systemen statt. Biologische Systeme sind Lebewesen – also z. B. auch ein Hund und der dazugehörige Besitzer. Und Kommunikation mit irgendetwas findet bei Lebewesen eigentlich immer, in jeder Sekunde ihres Lebens statt. Jeder Hundebesitzer kommuniziert beispielsweise intensiv dann mit seinem Hund, wenn er oder sie mit ihm trainiert, Gehorsam übt, etc. Aber er oder sie kommuniziert auch häufig unbewusst mit dem Hund; Hunde achten z. B. sehr auf die Körpersprache ihres Gegenübers, und dieses wird uns Menschen oft nicht bewusst. So können sich Fehler bei der Kommunikation einschleichen und darüber dann Probleme im Zusammenleben Hund-Mensch entstehen. Die meisten Gehorsamsprobleme sind, neben einem Zeichen für mangelhafte Trainingsintensität, immer auch ein Zeichen für eine fehlerhafte Kommunikation zwischen Hund und Besitzer. Und genau aus diesem Grund sollte sich jeder Hundebesitzer mit diesem Thema befassen. Wenn Sie wissen, wie und wodurch Ihr Hund »zu Ihnen spricht«, hat dies viele Vorteile für ein entspanntes, harmonisches und stressfreies Miteinander. Aber auch für den Hund wird das Zusammenleben mit Ihnen womöglich einfacher, übersichtlicher und entspannter. Es lohnt sich also, etwas über die Kommunikation von und mit Hunden zu erfahren.

Kommunikation bedeutet Nachrichtenaustausch – hier zwischen Hund und Besitzer.

▶ Bedürfnisse des Hundes

Stellen Sie sich vor, Sie sind Mitteleuropäer und reisen nach Japan. Sie sprechen kein Japanisch. Da ist schon einmal die erste Hürde, um stressfrei zu reisen. Permanent müssen Sie sich zunächst fragen: »Sitze ich im richtigen Zug?« oder »Wo kann ich nun etwas zu essen kaufen?« Nicht zu wissen, wo und wann man seine Grundbedürfnisse befriedigen kann, erzeugt Stress. Zu den Grundbedürfnissen gehört auch, eine Art eigenes Territorium (Hotelzimmer) zügig aufsuchen zu können. Stellen Sie sich nun den Hund vor, der in ein neues Zuhause gekommen ist. Ihm geht es ähnlich mit den Grundbedürfnissen wie Ihnen in Japan. Die meisten Menschen achten bei diesen Punkten sogar noch einigermaßen auf

Zu den Grundbedürfnissen eines Hundes gehört auch der regelmäßige und häufige Sozialkontakt mit den anderen Gruppenmitgliedern.

die grundlegenden Bedürfnisse des Hundes. Futter- und Wassernapf stehen zumeist an einem festen Ort, Futterzeiten sind recht regelmäßig und ein Lagerplatz wurde auch zugewiesen. Aber weiß der Hund auch sicher, dass es am nächsten Tag noch genauso aussehen wird und dass er überhaupt ohne Gefahr fressen kann? Er weiß es nicht sofort, da er unsere Sprache nicht spricht. Genauso wenig wie Sie die japanischen Schriftzeichen auf Schildern entziffern können oder verstehen, wenn Ihnen ein Einheimischer den Weg zum Bahnhof erklärt, versteht der Hund anfangs Worte wie »hier ist dein Platz«. Er wird über das weitere menschliche Verhalten aber lernen können, dass dieser Platz seiner ist und Ruhe und Erholung bedeutet. Und Sie lernen in Japan über einige Wiederholungen hinweg, dass »Eki« Hauptbahnhof bedeutet.

▶ **Leben in fremden Kulturen**
Wir Menschen bieten unseren Hunden im Grunde eine fremde Kultur – und in genau so einer sind auch Sie auf Ihrer Reise nach Japan gelandet. Stressfrei und angenehm leben oder reisen können Sie hier erst, wenn Sie einiges Wissenswerte und Nützliche über diese Kultur gelernt haben. Dazu gehören, neben der eben beschriebenen Sprache, auch noch einige Dinge mehr. Sie müssen letztendlich die Spielregeln kennen lernen, die in dieser zunächst unbekannten Gesellschaft herrschen, und sich damit arrangieren. Nichts anderes muss der Hund auch machen. Er kommt ja in der Regel aus einer »Hundegesellschaft« (Mama und Wurfgeschwister) in eine »Menschengesellschaft«.

Hier herrschen nun andere Spielregeln als vorher und bis man diese durchschaut hat, ist das Leben recht anstrengend. Eine klare Ansage darüber, was gewünscht und was unerwünscht, was erlaubt und was nicht erlaubt ist, ist zum Lernen dieser Spielregeln äußerst hilfreich. Wie dumm nur, dass Sie kein Japanisch sprechen und der Hund keine Menschensprache. Wie gut aber, dass sowohl Sie als auch Ihr Hund ein Gehirn haben, welches solche Dinge lernen kann.

In der Menschengesellschaft gelten Spielregeln, die dem Hund unter Umständen sogar bedrohlich vorkommen können.

WAS IST KOMMUNIKATION?

»Shake Hands, Partner«. »Pfötchengeben« kann sich auch aus Situationen entwickeln, in denen der Besitzer seinen Hund unbewußt bedroht. Der Hund hebt die Pfote als Geste der Deeskalation und der Besitzer steigt erfreut darauf ein. So entwickelt sich ein Ritual, bei dem der Hund am Ende wieder entspannter ist.

Lernen durch Kommunikation

Lernen kann nur parallel zu einer intensiven Kommunikation stattfinden – ohne Kommunikation, also ohne Nachrichtenaustausch, funktioniert es eigentlich nicht. Gelernt werden Informationen über die Umwelt und Zusammenhänge zwischen bestimmten Dingen – und durch Kommunikation gelangen diese an den Ort, wo gelernt wird: ins Gehirn. Dies hört sich jetzt sehr einfach an; was könnte dabei schief laufen?

▶ **Missverständnisse**
Bewegen Sie sich gedanklich einmal nach Japan zurück. Da verbeugt sich ein Japaner vor Ihnen zur Begrüßung – das kennen Sie sogar schon etwas, denn es gehört vielleicht zu den klischeehaften Vor-Urteilen, die Sie als Mitteleuropäer über Japaner haben. Sie sind entspannt, denn es verursacht Entspannung, wenn eine Erwartungshaltung erfüllt wird. Nun wird dieser Japaner plötzlich beim Erzählen laut und gestikuliert wild mit den Armen vor Ihnen herum; er schiebt Ihren Körper vielleicht in eine Richtung. Er entspricht nicht mehr Ihrer Erwartungshaltung – er ist laut und wirkt auf Sie eventuell sogar etwas aggressiv. Sie zucken zurück, zeigen Unsicherheit oder reagieren nun ihrerseits aggressiv. Dies wiederum versteht der Japaner nicht – er wollte Ihnen nur auf seine Art den Weg zeigen.

BLICKKONTAKT ▶ Solche Beispiele für Missverständnisse in der Kommunikation gibt es viele und sie können unter Umständen sehr ernste Folgen haben. Ein typisches Beispiel hierfür, mit eventuell dramatischen Folgen zwischen Hund und Mensch, ist die Sache mit dem Blickkontakt. Die Spielregel zwischen Menschen heißt: »Es ist höflich, seinem Gegenüber beim Gespräch in die Augen zu schauen«. Die Spielregel zwischen Hunden heißt: »Es ist unhöflich (= gefährlich) seinem Gegenüber in die Augen zu schauen«, denn der direkte Blickkontakt gehört in die Gruppe der Imponier- und Drohsignale. Wenn ein Mensch nun seinem Hund permanent in die Augen sieht, z. B. im Training, kann sich der Hund permanent bedroht fühlen und darauf entsprechend reagieren. Solche Reaktionen (z. B. Flucht oder Aggression, etc.) versteht der Mensch wiederum nicht und es entwickelt sich ein wunderschöner Problemkreislauf, der keinem nutzt und allen starken Stress bereitet. Hätte sich der Mensch dagegen vorher die Mühe gemacht, seinem Hund beizubringen, dass der Blickkontakt zu Menschen etwas anders gelagert ist als zwischen Hunden, wäre das Problem nicht entstanden. Der Hund hätte diese neue Fremdsprache gelernt und sie verstehen und anwenden können.

▶ **Schluss mit »alten Hüten«**
Deshalb ist es so wichtig, sich doch etwas intensiver mit dem Thema Hundesprache zu befassen. Sie können somit eine Menge möglicher Probleme im Voraus verhindern. Einfach, indem Sie sich nicht auf klischeehafte Vor-Urteile über Hundeverhalten verlassen, die vielleicht seit vielen Jahrzehnten kursieren, aber nichtsdestotrotz nach dem neuesten Wissensstand falsch sind. Mit diesem Buch wollen wir Ihnen Hilfestellung geben. Sie erfahren etwas über die Kommunikationsmöglichkeiten

und Kommunikationsmethoden von Hunden. So lernen Sie Ihren Hund besser einzuschätzen und können positiver und entspannter mit ihm umgehen. Bevor wir diese speziellen Dinge wie »Kommunikation unter Hunden« und »Kommunikation zwischen Mensch und Hund« vertiefen, wollen wir Ihnen noch etwas zur Kommunikationstheorie an sich vorstellen. Was ist Kommunikation nun genau und wie hat sie sich im Tierreich entwickelt?

Das »Fixieren durch die Kamera« kann für einen Hund leicht bedrohlich wirken; zumindest, wenn er derartiges Verhalten von Menschen nicht kennt.

10

Informationssysteme

11 ▶ Das komplexe System   12 ▶ Signale als Informationsträger

Das komplexe System

Zum Thema »Kommunikation« gibt es viele wissenschaftliche Arbeiten, sowohl theoretische als auch praktische. Es gibt an Universitäten ganze Fachbereiche, die sich nur mit der Kommunikationswissenschaft befassen und es wurde in den letzten zwei bis drei Jahrzehnten viel auf diesem Gebiet geforscht. Zeit also, das Ganze nun einmal für die Kommunikation mit Hunden zusammenzufassen und mit den nötigen praktischen Beispielen zu versehen.

Der Nachrichtenaustausch zwischen biologischen oder technischen Systemen wird Kommunikation genannt – das wurde schon gesagt. Aber was genau ist ein Nachrichtenaustausch und nach welchen Regeln funktioniert er? Solche Fragen werden z. B. in der Kommunikationswissenschaft beantwortet.

▶ Sender, Empfänger und Information

Damit Kommunikation stattfinden kann, müssen bestimmte Vorgaben erfüllt sein; das heißt, ein bestimmtes komplexes System muss vorhanden sein, damit von Kommunikation gesprochen werden kann. Grundsätzlich sind dies drei Elemente: Sender, Empfänger und Information. Der Sender sendet eine Information aus und der Empfänger empfängt sie. Erst wenn dies abgelaufen ist, kann man von Kommunikation sprechen. Dabei unterscheidet man zwei verschiedene Systeme.

▶ Sender-Empfänger-Systeme

1. Direkter Informationsaustausch
Zum einen kann ein Sender bewusst an einen ganz individuellen Empfänger senden. Wenn ein Hund einen anderen Hund anknurrt, dann findet der Informationsaustausch gewollt nur zwischen diesen beiden statt. Natürlich würden auch andere Hunde in der Nähe dieses Knurren hören (empfangen), aber vom Sender ist damit gezielt nur ein ganz bestimmter Hund direkt angesprochen worden; dieses wissen etwaige »Mithörer« auch.

2. Indirekter Informationsaustausch
Im anderen System sendet der Sender nicht gezielt an einen bestimmten Adressaten. Diese Art von Kommunikation liegt z. B. dann vor, wenn Hunde ein bestimmtes Areal mit ihrem Urin markieren. Jeder, der dann später daran vorbeikommt, wird die Information über die Nase aufnehmen und darüber zum Empfänger dieser Information werden. Der eine Hund, der die Duftmarke gesetzt hatte, hat nun aber keinen Einfluss mehr darauf, wer sich alles von seinem Signal angesprochen fühlt.

Komplexer Informationsaustausch: Ein Geruchssignal wird empfangen und ein neues Signal wird gesendet. Ein neuer Empfänger nimmt die Information auf und setzt seine »Nachrichten« oben drauf.

Dazu findet über das Schnuppern aneinander auch noch ein direkter Informationsaustausch statt.

Signale als Informationsträger

Die jetzt schon oft benutzten Begriffe »Information« und »Signal« sollten noch genauer definiert werden, nicht zuletzt, damit die Kommunikation zwischen Autorinnen und Lesern klappt. Kommunikation beginnt nämlich immer da schief zu laufen, wo Signale nicht eindeutig genug definiert sind.

Für den Begriff »Signal« gibt es viele analoge Begriffe, z. B. »Zeichen«, »Reiz« oder »Stimulus«. Allen gemeinsam ist, dass sie den gleichen Job haben: sie tragen Information. Die Information wird durch das jeweilige Signal so verpackt und dargeboten, dass das empfangende Lebewesen diese Information aufnehmen und verarbeiten kann. Eine gesendete Information wäre beispielsweise der sachliche Inhalt des letzten Satzes, den Sie gerade gelesen haben. Ihr Gehirn verarbeitet jetzt gerade diesen Sachinhalt und darüber ist Ihnen die Information bewusst geworden. Die dazugehörigen Signale sind die Buchstaben; diese sind die Träger der Information. Ein anderes Beispiel wäre das Wortsignal SITZ an Ihren Hund. Das Signal ist ein Geräusch mit einer bestimmten Frequenz, Länge und Tonmodulation. Die dazugehörige Information für Ihren Hund ist »Hintern auf den Boden«. Dabei muss ein Signal nicht unbedingt nur eine relativ kurze Einzelinformation sein. Auch komplexe Verhaltensweisen eines Lebewesens haben Signalcharakter und sprechen gleichzeitig mehrere Sinneskanäle des Empfängers an (siehe weiter unten).

> **Definition Signal**
>
> Definition des Begriffes Signal oder Zeichen in der Kommunikationswissenschaft:
> »Ein Signal oder Zeichen ist etwas, was für jemanden etwas bedeutet«.

Kommunikation funktioniert nur da, wo beide Kommunikationspartner für ein bestimmtes Signal exakt den gleichen Informationsgehalt verknüpfen. In dem Moment, wo es hier Unterschiede gibt, tauchen Probleme auf. Das vorhin zitierte Beispiel mit dem Blickkontakt kann dies noch einmal gut illustrieren. Für den Menschen bedeutet das Signal »direkter Blickkontakt« vielleicht so etwas wie »freundliche Wertschätzung oder Aufmerksamkeit beim Gespräch«. Für den Hund jedoch bedeutet das technisch gleiche Signal das genaue Gegenteil: »Konflikt um etwas (vielleicht eine bestimmte Rangposition) und damit Imponiergehabe oder Bedrohung«. Und schon ist ein Problem im Entstehen begriffen.

▶ **Wie Hunde Signale empfangen**

Viele Elemente oder Dinge, die uns im täglichen Leben »umwabern«, haben Signalcharakter. Wir leben in einer so genannten »Semiosphäre« – einer Welt der Signale oder Zeichen. Damit ein Signal seine Information aber auch »loswerden« kann, muss eine weitere Bedingung erfüllt sein: Der designierte oder angepeilte Empfänger muss die entsprechenden Vorrichtungen besitzen, um dieses Signal zu erkennen und den Informationsgehalt herauslösen zu können. Solche Vorrichtungen sind z. B. unsere Ohren. Sie können Geräuschsignale empfangen und so an das Gehirn zur weiteren Benutzung leiten, dass das Gehirn auch tatsächlich etwas damit anfangen kann – und damit wäre uns dann der Informationsgehalt eines bestimmten Signals bewusst geworden. »Empfangsvorrichtungen« sind also die Sinnesorgane des Lebewesens: Augen (Gesichtssinn), Ohren (Gehörsinn), Nase/Zunge (Geruchs- und Geschmackssinn), Haut (Tastsinn); dazu gibt es dann noch eine weitere Wahrnehmungsvorrichtung für Gefahren, die eventuell gerade aktuell und sehr nahe den Körper bedrohen: die Schmerzrezeptoren.

Der Hund stammt vom Raubtier Wolf ab, und die Sinnesorgane (Nase, Augen, Ohren) sind zum Aufspüren von Beute bestens geeignet.

UNTERSCHIEDLICHE SINNESAUSPRÄGUNGEN ▶ In der Evolution haben sich Arten unterschiedlich entwickelt. Keine zwei Tierarten besitzen im Grunde die gleiche komplette Anzahl an Sinnesorganen und/oder die gleiche Leistungsfähigkeit dieser Sinnesorgane. Jede Tierart hat sich ihrer ökologischen Nische, ihrem Lebensraum, angepasst. Nur so kann die Tierart darin auch bestehen bleiben. Es wäre für eine Fledermaus z. B. nicht sehr praktisch, Ohren mit der menschlichen Leistungsfähigkeit zu haben. Für die Fledermaus ist es wichtig, ihre Beutetiere im Dunkeln zu orten. Die Beutetiere sind klein (Insekten) und wendig. Die Sinnesorgane der Fledermaus haben sich dem angepasst. Die Fledermaus hört im Ultraschallbereich und sie kann zudem auch noch aus dem Gehörten ganz exakt die Richtung des Beutetieres und den eigenen Abstand zur Beute ablesen. Dieses sind Eigenschaften, über die wir Menschen nicht verfügen – warum auch: Beutetiere und dadurch das ganze Jagdverhalten waren bei den frühen Menschen gänzlich anders. Hier hatten/haben die Augen oder die Nase eine genauso wichtige, wenn nicht sogar wichtigere Rolle für den Jagderfolg gespielt als die Ohren.

▶ **Wichtig**

Wenn man außerhalb der eigenen Art kommuniziert, muss man bedenken und berücksichtigen, dass die jeweils andere Tierart anders geeichte Sinnessysteme hat. Davon auszugehen, dass der andere genauso denkt wie man selber und in den gleichen Signalsystemen lebt, ist immer der gerade Weg in ein Kommunikationsproblem hinein.

▶ **Wie man funktionierende Kommunikation erkennt**

Signale werden gesendet, um einen Empfänger mit bestimmten Informationen zu versorgen. Und diese Signale haben immer, zumindest anteilig, einen Informationsgehalt, der beim Empfänger eine bestimmte Verhaltensänderung bewirken soll. Selbst wenn Sie einem menschlichen Kommunikationspartner eine Information über sich senden wie »mir geht es gut/schlecht« oder »ich liebe Bilder von Picasso«, ist dort anteilig etwas enthalten, was beim Empfänger eine Verhaltensänderung auslöst (auslösen soll). Die Verhaltensänderung könnte darin bestehen, dass sich der Empfänger ganz einfach dem Sender zuwendet, ihm Aufmerksamkeit schenkt. In exakt diesem Moment ist natürlich der vorhe-

Ein erfolgreicher Kommunikationsversuch oder: »Was sollte da gerade gelernt werden?«

rige Empfänger selber zum Sender geworden und der ehemalige Sender zum Empfänger. Wenn Ihnen der angepeilte Empfänger nämlich Aufmerksamkeit schenkt, zeigt er eine Verhaltensänderung, die Sie dann wieder über Ohren oder Augen wahrnehmen. Wenn Sie Ihrem Hund das Signal SITZ senden und er setzt sich hin, ist dieses »sich Hinsetzen« ein Signal, welches von Ihnen wahrgenommen wird. Damit sind Sie dann der Empfänger und der Hund ist zum Sender geworden.

NICHT-REAGIEREN ▶ Den Erfolg ihres Kommunikationsversuches erkennen Sie also am Verhalten des designierten Empfängers. Dort, wo sich der Empfänger nicht in der von Ihnen gewünschten Art und Weise verhält, ist bei der Kommunikation etwas schief gelaufen. Die Hauptursache ist in den meisten Fällen tatsächlich, dass das gesendete Signal nicht mit dem beabsichtigten Informationsgehalt beim Empfänger angekommen ist und der Empfänger dadurch gar keine Möglichkeit hatte, im Sinne des Senders zu reagieren. Für das Abstellen dieser Fehlerquelle ist eigentlich immer der Sender zuständig. Möglich wäre natürlich auch ein absichtliches »Nicht-Reagieren« des Empfängers auf das Signal. Es kann in Einzelfällen manchmal schwer sein, diesen Unterschied herauszufinden. Wenn man merkt, dass die Kommunikation nicht im gewünschten/geplanten Sinne gelaufen ist, sollte man zunächst immer sehr genau prüfen und hinterfragen, was alles schief gelaufen sein könnte, bevor man weitere oder andere Maßnahmen einleitet. Eine dritte Möglichkeit als Ursache für Misserfolg in der Kommunikation wäre auch

noch ein »Versagen« der entsprechenden Sinneskanäle. Wir erleben es tatsächlich von Zeit zu Zeit, dass Besitzer mit einem vermeintlichen Gehorsamsproblem zu uns kommen: »Mein Hund hört überhaupt nicht mehr« – und dann hört dieser Hund tatsächlich nicht oder nicht mehr, weil er im Alter ertaubt ist oder eine chronische Ohrenentzündung hat, etc.

Jemanden, der also im Training nicht so reagiert, wie man es erwartet, dann sofort und gleich als dumm und ohne alles Lernvermögen oder als renitent zu bezeichnen, macht keinen Sinn, solange man nichts darüber weiß, welche Probleme vorliegen könnten. Und nebenbei bemerkt ist es sowieso immer die unsinnigste und am wenigsten nützliche Sache der Welt, einen Kommunikationspartner als »dumm« zu bezeichnen.

Der Hund zeigt Unsicherheit und Submission, weil er das Signal nicht kennt (und daher nicht versteht). Er sucht sein Heil in der Deeskalation, um einem möglichen Konflikt vorzubeugen.

Beide Hunde haben ein Aufmerksamkeitssignal erhalten. Der eine kannte es schon – der andere muss erst lernen, was von ihm gewünscht wird.

▶ Trainieren eines Signals

Besser ist es, genau zu überlegen, ob Sender und Empfänger wirklich den gleichen Informationsgehalt für ein bestimmtes Signal verknüpft hatten. Gerade in der Hundeausbildung erleben wir häufig, dass Hund und Besitzer aneinander vorbeireden. Der Hund kann sich nur als Hund verhalten, mit seinem Wissen von der (Hunde)Welt und seinen Sprachkenntnissen – und dem Menschen geht es anders herum genauso. Beide reden nicht bewusst und mit Absicht aneinander vorbei, sondern weil sie es gerade nicht besser wissen und können. Sehr häufig beobachten wir, dass die Besitzer schon beim Auftrainieren eines Signals Fehler machen. Das Auftrainieren ist der Moment, in dem ein Signal einen bestimmten Informationsgehalt bekommt. Hier kommt man nun nicht darum herum, einige Grundsätze aus der Lernbiologie einzubringen, denn für das weitere Verständnis sind sie wichtig.

1. Es werden nur die Dinge perfekt gelernt (= im Gehirn fest und effektiv miteinander verknüpft), die gleichzeitig oder zumindest in sehr engem zeitlichen Abstand (ca. 1 Sekunde) voneinander geschehen.

2. Es braucht eine gewisse Häufigkeit dieser Paarungen, damit dauerhaft gelernt wird (für das Langzeitgedächtnis); dabei müssen die Signale, bzw. die zu verknüpfenden Elemente, immer eindeutig und im Informationsgehalt gleich sein, um zügig eine feste Verknüpfung zu erreichen. Je genauer, exakter und konsequenter man dieses Auftrainieren betreibt, desto schneller wird man einen langfristigen Trainingserfolg erreichen. Das Geräusch SITZ ist zu Beginn des

Trainings für den Hund nichts anderes als ein neutrales Zischgeräusch. Erst über einige (mehr oder weniger viele) gleichzeitige Paarungen mit dem Verhalten »Hintern auf den Boden« bekommt dieses Geräusch einen Informationsgehalt. Irgendwann, wenn das Auftrainieren genügend weit fortgeschritten ist, wird das Signal SITZ dann zuverlässig die Verhaltensänderung beim Hund auslösen: Er setzt sich hin.

FEHLERQUELLEN ▶ Diese gibt es selbst bei solch einem einfachen Kommando wie SITZ. Der Besitzer z. B., der vor seinem stehenden Hund mehrmals hintereinander SITZ sagt, bringt dem Hund einen anderen Informationsgehalt als »hinsetzen« bei. Wenn der Hund auf vier Pfoten steht und dieses Verhalten mehrmals gleichzeitig mit dem Zischgeräusch SITZ gepaart wird, erfolgt zwangsläufig erst einmal eine Verknüpfung mit »stehen auf vier Pfoten«. Natürlich kann der Informationsgehalt von Signalen über entsprechendes Training permanent und auch später noch geändert werden – aber dies kostet Zeit, verunsichert unter Umständen den Hund und frustriert den Besitzer, wenn die Dinge anfangs nicht so laufen wie geplant. Das alles erspart man sich, wenn man sich zu Beginn eines Trainings erst einmal Gedanken darüber macht, welchen Informationsgehalt ein bestimmtes Signal haben soll und auf welchem Weg man am einfachsten dort hinkommen kann.

Signalaufbau: Unter menschlicher Regie einigen sich Hund und Besitzer auf den Informationsgehalt für ein bestimmtes Signal.

Wie funktioniert Kommunikation?

| 19 | ▶ | Entstehung | 24 | ▶ | Entwicklung von Signalen |
| 21 | ▶ | Gründe für Kommunikation | | | |

Entstehung

Die Fähigkeit zur Kommunikation bei verschiedenen Tierarten ist nicht einfach »irgendwann einmal entstanden«, sondern hat sich kontinuierlich im Laufe der Evolution entwickelt. Im Grunde kann kein Lebewesen ohne einen regelmäßigen Nachrichtenaustausch mit der Umwelt überleben – irgendwie muss man ja zumindest wissen, wo, wann und wie man seinen Hunger stillen kann. Und so beobachtet man Kommunikation mit der Umwelt schon bei einzelligen Lebewesen wie z. B. Bakterien oder Amöben. Dabei geschieht die Kommunikation mit der Umwelt bei den Einzellern nicht über spezielle Sinnesorgane wie bei den höher entwickelten Tieren. Bakterien haben z. B. keine Geschmacksrezeptoren.

Die Rezeptoren in den Sinnesorganen sind dabei nämlich die eigentlichen Empfangsorgane für die Signale. Die Netzhaut im Auge von Säugetieren ist z. B. dicht an dicht mit speziellen Rezeptoren bestückt, den Stäbchen und Zapfen, die die Lichtsignale aufnehmen. Genauso gibt es spezielle Rezeptoren auf der Zunge, in der Nase, im Ohr oder auf/in der Haut.

▶ **Informationsaustausch bei Einzellern**
Bei den Einzellern erfolgt ein Informationsaustausch mit der Umgebung direkt über die äußere Hülle des Organismus, die Zellmembran. So kann das Lebewesen z. B. wahrnehmen, in welcher Konzentration bestimmte Nährstoffe in seiner Umgebung gerade vorkommen. Das Kleinstlebewesen kann aber auch wahrnehmen, ob bestimmte schädliche Stoffe auftreten, die man lieber meiden sollte. So kann sich auch ein Bakterium, wenn es zur Fortbewegung fähig ist, »entscheiden«, ob es dableibt oder diesen speziellen Ort nicht lieber verlassen möchte. Dabei sind derartige »Entscheidungen« natürlich nicht mit den mentalen Prozessen vergleichbar, wie sie in Lebewesen ablaufen, die ein Gehirn besitzen. Aber immerhin gibt es im Inneren von Einzellern spezifische biochemische Regelmechanismen, die bei bestimmten äußeren Umständen ganz bestimmte Aktionen in Gang setzen. Diese sind von der Leistung her, die erbracht wird,

Auch eine Form der Kommunikation – das Auffinden der Nahrung.

Evolution der Kommunikation: Vom Jäger in einer Gruppe von Artgenossen ...

... zum Lebensbegleiter im Alltag des Menschen. Aber auch mit Brille handelt es sich noch um einen Hund, dessen Verhaltensrepertoire in weiten Teilen dem des Wolfes entspricht.

durchaus vergleichbar mit Schutzreflexen bei höheren Tieren. Der Schmerz an der Fußsohle, wenn wir auf einen scharfen Gegenstand auf dem Boden treten, ist eine Information und löst reflexartig das Anheben des Beines aus, ohne dass wir groß darüber nachdenken. Zumeist wird uns die Information dieses Signals gerade erst dann voll bewusst (»Aua, es tut weh«), wenn das Bein schon leicht angehoben ist. Die Natur hat hier für kurze Wege beim Informationsfluss gesorgt – im Interesse der Lebewesen, die ja letztendlich überleben wollen.

AUSTAUSCH VON ERBSUBSTANZ ▶
Einzeller tauschen aber auch schon direkt untereinander Informationen aus. Es gibt bestimmte Bakterien, die sich nicht nur über Zweiteilung fortpflanzen, sondern bereits eine Methode entwickelt haben, wie sie auch untereinander Erbsubstanz austauschen können. Dies ist sicher nicht absolut vergleichbar mit der sexuellen Fortpflanzung höherer Tiere, stellt aber auf dem Weg dahin einen Zwischenschritt von den Einzellern zu höher organisierten Tieren dar. Auch diese Vorgehensweise zum Austausch von Erbsubstanz ist letztendlich eine Form von Kommunikation.

Gründe für Kommunikation

Der Beginn der Evolutionsgeschichte von biologischen Kommunikationssystemen (Nachrichtenaustausch mit der Umwelt und Artgenossen) lag in ganz konkreten Gründen: Nahrung finden; Schäden/Feinde vermeiden; Fortpflanzungspartner auffinden und für ihn attraktiv sein, so dass die Fortpflanzung stattfindet – und das Ganze möglichst effektiv und Kosten sparend. Und im Grunde hat sich in den Millionen Jahren, seitdem sich aus den Einzellern die ersten mehrzelligen Lebewesen entwickelt hatten, nichts an diesen Gründen geändert. Auch heute geht es jedem Lebewesen im Grunde nur um diese Punkte, die möglichen Unterschiede zwischen Menschen und Tieren wären hier eher philosophisch zu diskutieren, nicht biologisch.

▶ **Das »egoistische« Gen**
Heute geht man davon aus, dass das Hauptziel eines jeden Lebewesens die Weitergabe der eigenen Erbmasse ist. Lange dachte man, es gehe dem einzelnen Tier einer bestimmten Art nicht direkt um sich selber, sondern eher um die Erhaltung der Art. Aber genauere Beobachtungen von Tieren in den letzten 30 Jahren haben zu der Erkenntnis geführt, dass es eben nicht um die gesamte Art, sondern ganz »egoistisch« nur um die eigenen Gene (die eigene Erbsubstanz) geht. Bei vielen Tierarten kann man z. B. Infantizid (Kindstötung) beobachten. Häufig tritt dieses Phänomen dort auf, wo Tiere in so genannten Haremsstrukturen leben. Löst ein junges, stärkeres Männchen den alten Harems-Pascha ab, tötet es sofort eventuell vorhandene Nachkommen des alten Paschas. Die weiblichen Tiere werden danach recht schnell empfängnisbereit und der neue Pascha kann so zügig seine eigenen Nachkommen zeugen und muss nicht die eines alten Rivalen »durchfüttern«. Solche Beobachtungen bei Löwen in den 70er-Jahren des letzten Jahrhunderts brachten zum ersten Mal das »Arterhaltungsmodell« ins Wanken; viele weitere Beobachtungen bei anderen Tierarten, z. B. auch Affen, haben dazu geführt, dass heute dem Modell des »egoistischen Gens« der Vorrang gegeben wird. Hierbei geht man davon aus, dass letztendlich jedes individuelle Tier ganz egoistisch seine eigene Erbmasse (seine eigenen Gene) an die nächste Generation weitergeben will. Der Begriff »Fitness« bezeichnet dabei im biologischen Sinne den Erfolg eines Tieres in dieser Hinsicht. Ein Tier mit einer hohen Fitness hat eine große Menge seiner Gene an die nächste Generation weitergegeben.

Der Pascha inmitten seines Harems und seiner Nachkommen.

Der linke Wolf zeigt Beschwichtigungsverhalten gegenüber dem älteren Sozialpartner.

Eine Wolfsmutter mit ihrem hungrigen Nachwuchs.

▶ Fortpflanzung bei Wölfen

Bei vielen sozial lebenden Tierarten, wie z. B. auch den Wölfen, haben sich Konstruktionen des Zusammenlebens entwickelt, bei denen sich gerade nicht alle Mitglieder der Gruppe gleichberechtigt fortpflanzen können. Beim Wolf ist es in der Regel so, dass sich nur die beiden ranghöchsten Tiere verpaaren und Nachkommen haben. Wenn man davon ausgehen kann, dass es letztlich jedem einzelnen Wolf darum geht, seine eigene individuelle Fitness zu erhöhen, mag es verwundern, wenn man solche Gruppen beobachtet, die über Jahre hinweg halbwegs unproblematisch zusammenleben und wo sich tatsächlich einige Wölfe nie fortpflanzen. Und trotzdem ist das Modell des egoistischen Gens auch hier anwendbar.

VERZICHT AUF FORTPFLANZUNG ▶

Es kann für individuelle Wölfe praktisch sein, auf die Fortpflanzung zu verzichten – nämlich dann, wenn das Risiko und die Kosten für ein derartiges Verhalten hoch sind und in keinem Verhältnis zum erzielten Nutzen stehen. Die reinen Kosten der Fortpflanzung sind bei Wölfen tatsächlich relativ hoch. Man muss z. B. extra Kalorien »erbeuten«, um Embryos heranwachsen und die Welpen später ernähren zu können. Man muss die Nachkommen schützen, hat dadurch eventuell etwas weniger Schlaf als sonst und kann nicht so uneingeschränkt zur Jagd, als wenn sie nicht vorhanden wären. Diese Kosten sind dabei für das Muttertier höher als für den Vater, aber auch der Wolfspapa hat hier sein Päckchen zu tragen. Sich fortzupflanzen bedeutet immer auch Risiken – dabei sind solche Risiken im Grunde auch nur Posten, die auf der »Kostenseite« zu verbuchen sind: Fortpflanzung kann Leben kosten! Man muss mögliche Rivalen um die Gunst des Partners ausschalten, man muss eventuell ein Territorium gewinnen und man ist zumindest im Moment der reinen Zeugung der Nachkommen gegenüber möglichen Feinden unachtsam und wehrlos. Jeder individuelle Wolf (wie tatsächlich jedes andere Lebewesen auf der Welt auch) wägt also seine Chancen (Kosten und Nutzen für ein bestimmtes Verhalten in einer Situation) gegeneinander ab und entscheidet sich dann für oder gegen eine bestimmte Handlung. Dieses Abwägen findet im Sekundenbruchteil im Gehirn statt – auch im Menschengehirn, ohne dass es uns tatsächlich bewusst wird.

In bestimmten Situationen auf die Fortpflanzung ganz zu verzichten, kann also tatsächlich für den einzelnen Wolf Vorteile haben; und die Nachteile sind dabei geringer, als man jetzt vielleicht denkt. Der im Rang niedrigere Wolf, der darauf verzichtet, sich mit dem Ranghöheren um das Recht zur Fortpflanzung zu streiten, geht kein Verletzungsrisiko ein, ihm bleibt der Schutz der sozialen Gruppe erhalten und ein Teil seiner Gene wird trotzdem weitergegeben. Wolfsrudel sind nämlich keine bunt zusammengewürfelten Gruppen aus einander fremden Tieren. Im Rudel sind normalerweise alle miteinander verwandt und tragen so auch einen mehr oder weniger identischen Satz an Genen. Und so verhelfen der Wolf, oder die Wölfin, die als rangniedere Rudelmitglieder bei der Aufzucht der Welpen der beiden Ranghohen helfen, auch einem Teil der eigenen Gene in die nächste Generation.

KOMMUNIKATIONSSYSTEM ▶ Damit nun aber gerade dieser Teil des Zusammenlebens bei den Wölfen gut funktioniert, so dass letztendlich jeder auf seine Kosten kommt, ist ein gut ausgeklügeltes und fein differenziertes Kommunikationssystem nötig. Und dieses feine Kommunikationssystem, welches dem unseren so ähnlich ist, hat vielleicht auch ganz maßgeblich dazu beigetragen, dass der Hund von allen Haustieren des Menschen als Erstes aus der entsprechenden Wildform domestiziert wurde, und dass der Hund auch nach wie vor das beliebteste Haustier des Menschen ist.

Damit es in sozialen Gruppen mit dem »Miteinander« klappt, ist ein fein differenziertes Kommunikationssystem nötig.

Das Chorheulen der Wölfe zeigen unsere heutigen Hunde zum Glück nicht so häufig.

Entwicklung von Signalen

Im Laufe der Evolution haben sich bei den verschiedenen Tierarten individuelle Sendevorrichtungen entwickelt und ausdifferenziert, ebenso wie die dazugehörigen Empfangskanäle. Zum Beispiel sind bei bestimmten Tierarten Stimmbänder entstanden; diese, bzw. ihre vielfältigen Möglichkeiten, wären alleine aber nutzlos, wenn nicht auf der anderen Seite auch die entsprechend sensiblen Ohren vorhanden wären.

Die Entwicklung dieser Sende- und Empfangsorgane ging vermutlich mit der Entwicklung erster artspezifischer Signale in einem bestimmten Ökosystem einher. Bestimmte Tiere haben, eventuell durch Mutationen begünstigt, bestimmte Signale gesendet und hatten darüber plötzlich einen Vorteil gegenüber ihren Artgenossen. Dieser Vorteil hat vielleicht darin gelegen, dass das Tier mit dem »neuen Signal« plötzlich viel attraktiver für mögliche Fortpflanzungspartner wurde – und so wurden in kurzer Zeit viele Tiere dieser Art geboren, die die gleiche Mutation in der Erbmasse besaßen und somit auch das neue Signal senden konnten. Dies konnte aber natürlich nur funktionieren, wenn auch schon vorher eine gewisse Möglichkeit zum Empfang des neuen Signals gegeben war. Man weiß heute, dass die grundlegenden Funktionsprinzipien von Sinnesorganen der höheren Tiere ziemlich ähnlich sind und sich letztendlich auch biochemisch nicht groß von den Funktionsprinzi-

Kommunikationsmöglichkeiten beim Hund

Im Laufe der Domestikation (der Haustierwerdung) und der Züchtung verschiedener Rassen hat sich das Spektrum an Kommunikationsmöglichkeiten beim Hund gewandelt. Je unähnlicher der Hund seinem Urahn wurde, um so geringer sind die Fähigkeiten zur differenzierten Kommunikation im Verhältnis zum Wolf. Gewisse Feinheiten in der Kommunikation des Wolfes sind einigen unserer modernen Hunderassen abhanden gekommen (»weggezüchtet worden«). Hierauf wird im Kapitel »Hundesprache verstehen« noch genauer eingegangen.

pien für den Nachrichtenaustausch bei niederen und niedrigsten Tierarten unterscheiden.

▶ **Signalausprägung**
Im Grunde kann man sagen, dass sich die Natur sehr ökonomisch verhält: wenn sie einmal eine gute Idee hatte, wird diese in der Regel in der Evolution nur noch weiterentwickelt und verfeinert/verbessert, aber nicht zugunsten von etwas völlig Neuem auf einmal wieder aufgegeben. Gleiches gilt z.B. auch für das Lernen und die Herausbildung des Langzeitgedächtnisses im Gehirn. Hier wird bei allen Tieren, einschließlich der höheren Säugetiere, ein biochemischer Vorgang innerhalb der Nervenzellen im Gehirn vollzogen, der als solcher schon in Bakterien auftritt und hier im Ansatz durchaus auch etwas mit Lernen zu tun hat.

Man geht davon aus, dass optische und geruchliche Signale in der Entwicklungsgeschichte der Kommunikation die erste wichtige Rolle gespielt haben. Dieses schließt man aus der Entwicklung des Gehirns.

Bei der Reifung der befruchteten Eizelle und der Entwicklung des Embryos entsteht das Gehirn z. B. aus einer Ausstülpung der Augenanlagen. Und wenn man genauer in das Gehirn hineinschaut und betrachtet, welche Gehirnbereiche nun maßgeblich das individuelle Verhalten eines Tieres (oder eines Menschen) steuern, kommt man zu Bereichen, die sehr eng mit Strukturen für die Verarbeitung von Gerüchen vernetzt sind.

▶ **Wichtig**

Kommunikation dient dazu, sich Vorteile zu verschaffen (bei der Nahrungssuche und der Fortpflanzung) und Schäden für einen selbst zu vermeiden. Unter dieser Maßgabe (»Steigerung der Fitness im weitesten Sinne ohne zu große Kosten/Risiken einzugehen«) haben sich die heute bei den verschiedenen Tierarten zu beobachtenden Kommunikationssysteme entwickelt.

Geruchliche und optische Signale haben in der Entwicklungsgeschichte der Kommunikation wohl die erste Rolle gespielt.

WIE FUNKTIONIERT KOMMUNIKATION?

Anspringen ist ein »überlebenswichtiges« Verhalten für Welpen und wird später zu einem Begrüßungsritual gegenüber ranghöheren Gruppenmitgliedern. Wenn der Mensch nicht aufpasst, kann es aber auch zu einer generalisierten Begrüßung gegenüber allen Menschen werden – und damit sehr lästig.

SIGNALINTENSITÄT ▶ Es kostet immer etwas, ein Signal zu senden. Lange vor Telefongebühren und Gebühreneinzugszentrale hat die Natur dieses Prinzip vorgestellt. Signale kosten Energie und eventuell sogar Leben. Über laute und/oder deutliche Signale zieht man eben nicht nur den Fortpflanzungspartner an, sondern kann auch ein Stück Beute verjagen oder einen Feind erst recht auf sich aufmerksam machen. Und so findet man z.B. sehr laute Signale entweder bei Tieren, die sehr weit oben in der Nahrungskette stehen oder bei Tieren, für die Flucht schnell und einfach möglich ist. Zu den »lauten Signalen« zählt z. B. das Chorheulen der Wölfe oder der Gesang von Vögeln. Ein »lautes Signal« wäre aber auch ein sehr deutliches Balzverhalten, bei dem sich das Tier sehr exponiert, erkennbar macht und exzessiv bewegt. Zu den Kosten gehört dann noch der Energiefaktor: Ein lautes Signal mag vielleicht effektiver sein als ein leises – es kostet aber auch mehr Kalorien.

INFORMATIONSGEHALT EINES SIGNALS ▶ Dieser hat sich ebenfalls im Laufe der Evolution entwickelt und verändert, zusammen mit den Sende- und Empfangsvorrichtungen. Schon Konrad Lorenz und Niko Tinbergen hatten erkannt, dass sich viele Signale im Laufe der Zeit aus eher nebensächlichen Bewegungen oder sonstigen beiläufigen Verhaltensäußerungen eines Senders entwickelt haben. Wenn ein Empfänger nun in der Lage war, aus diesen nebensächlichen oder beiläufigen Signalen Rückschlüsse auf zukünftiges, wichtiges Verhalten des Senders zu ziehen, hatte dieser Empfänger eventuell

einen kleinen Vorteil für seine eigene Fitness und hat auf solche »beiläufigen« Signale auch häufiger geachtet. Im Laufe der Zeit wurde dann das Wissen um bestimmte Signale bzw. die Fähigkeit, sie herzustellen, in der Erbsubstanz verankert und so an die Nachkommen direkt weitergegeben. Damit mussten die Nachkommen das Signal und seine Information nun nicht mehr extra lernen. Im Gegenzug muss dabei aber auch der Sender solcher »erkannten« Signale Vorteile in Bezug auf die eigene Fitness gehabt haben – sonst hätte sich das spezielle Kommunikationssystem nicht so perfekt entwickelt. Hätte nämlich immer nur einer von einer bestimmten Sache profitiert, hätte sich der andere irgendwann gänzlich neu orientiert und ein »gemeinsames« Kommunikationssystem wäre gar nicht entstanden.

▶ **Ritualisierung von Signalen**
Am besten kann man diesen Verlauf vielleicht an einem Signal der Wölfe und Hunde verdeutlichen: »Nasenrückenrunzeln und mehr oder weniger Zeigen der Zähne.« Dieses Signal ist heute bei Wölfen und Hunden ein Drohsignal und soll einen Gegner auf Abstand halten, ohne dass man sich ernster in einem Kampf engagieren muss. Wie und aus welchem Verhalten könnte es einmal entstanden sein?

Wenn ein Wolf oder Hund zubeißen will, muss er das Maul aufmachen und die Lefzen zumindest so weit hochziehen, dass er sich beim Zubeißen nicht selber verletzen kann. Ganz zwangsläufig werden dabei die Zähne entblößt und der Nasenrücken kräuselt sich ein wenig. Ein Empfänger, der diesen Zusammenhang (vor dem eigentlichen Zubeißen wird kurz die Nase gekräuselt und man sieht die Zähne) einige Male beobachtet hat, kann nun unter Umständen einer drohenden Verletzung ausweichen, wenn er schnell genug auf diese kurze Verhaltensäußerung reagiert. Nasenrückenrunzeln des Senders kündigt an: Gleich tut es dem Empfänger weh. Im Gegenzug macht der Sender (der mit der Nase) die Erfahrung, dass er sich häufig das energiezehrendere und risikoreichere Zubeißen sparen kann, wenn er nur deutlich genug kurz vorher den Nasenrücken runzelt und leicht seine Zähne zeigt. So wurde dieses Signal innerhalb der Tierart ritualisiert. Eine zufällig beobachtete Begleiterscheinung vor einem anderen, ganz bestimmten Verhalten wurde zu einem Signal für einen sehr spezifischen Informationsgehalt: »Geh weg, sonst tue ich dir weh.«

Geh weg, sonst tue ich dir weh.

Je ritualisierter gerade die Begrüßungen ausfallen, desto geringer ist das Risiko von Konflikten.

Über diesen Weg der Ritualisierung wurden dann in der Evolution zunehmend diejenigen Sender und Empfänger begünstigt, die das entsprechende Drohsignal senden und/oder empfangen konnten. Diese Lebewesen waren gegenüber den anderen, die das Signal entweder nicht erkennen oder nicht senden konnten, eindeutig im Vorteil und ihre Fitness wurde größer. Und letztendlich entwickelte sich damit so etwas wie eine allgemein akzeptierte Sprache innerhalb einer bestimmten Tierart.

MOTIVATIONSKONFLIKT ▶ Viele der Signale von Tieren sind in der Evolution aus Bewegungen bzw. Verhaltensweisen hervorgegangen, die Handlungsabsichten ankündigen. Eine andere Gruppe von Signalen kommt aus dem Bereich »Motivationskonflikt«. Das »sich selber über die Schnauze lecken« der Hunde ist ein gutes Beispiel dafür. Wir kennen dieses Signal als Demutsgeste und als Geste der Verunsicherung, bzw. als Geste für/bei Stress. Welpen haben wohl dieses Signal entwickelt: Auf der einen Seite hatten sie einen knurrenden Bauch und versuchten, bei Mama zu saugen – und auf der anderen Seite wurden sie von der Mutter angeknurrt, weil diese ab einem bestimmten Alter der Welpen nicht mehr uneingeschränkt Milch hatte. Die Welpen leckten sich in Erwartung der Nahrung, bzw. in Erwartung des Zitzenkontaktes, die Schnauze – blieben aber auf Abstand, da Mama sie durch das Knurren verunsicherte. Die Mutter wiederum hat nun beobachten können, dass ein Welpe mit Schnauzenlecken auf Abstand bleibt, wenn sie nur laut genug knurrt. Da die Welpen dann auf Abstand blieben, konnte die Mutter das Knurren wieder einstellen – ein Signal, um den anderen zu beschwichtigen und zu besänftigen (genau dies sind Demutssignale), war geboren.

MARKIERURINIEREN ▶ Ein weiteres Beispiel für ein ritualisiertes Signal bei Wölfen und Hunden, das Markierurinieren, könnte sich aus einer Stresssituation heraus entwickelt haben. Die Blase unkontrolliert zu entleeren ist ein typisches Stress-Symptom für alle Säugetiere. Vielleicht hat einmal ein Wolf einen Rivalen an der Territoriumsgrenze getroffen, hat sich erschrocken und unkontrolliert Urin abgesetzt. Nun konnte dieser Wolf beobachten, dass der andere daran schnuppert und dann plötzlich geht. Damit war ein Signal entwickelt worden, um gezielt das Territorium zu markieren.

▶ **Veränderung von Signalen**
Ritualisierung bedeutet nicht nur, dass der Informationsgehalt fest verankert wird, sondern dass sich das Signal selbst auch noch leicht verändert. Zumeist werden diese zufällig abgeleiteten Signale im Laufe der Ritualisierung

etwas vereinfacht und darin dann wieder überbetont – so dass sie auch wirklich eindeutig erkennbar sind. Diese größere Eindeutigkeit bedeutet dann natürlich auf der anderen Seite auch wieder einen leicht reduzierten Informationsgehalt für das Signal. Dieses hat aber durchaus Vorteile für die eigene Fitness. Bei einem Konflikt mit einem Artgenossen kann es manchmal durchaus günstiger sein, nicht zu viel Information an den Kontrahenten auf einmal zu senden. Es kann nützlich sein, einen Kontrahenten über bestimmte Dinge zunächst im Dunkeln zu lassen; man muss es ja z. B. nicht immer gleich erzählen, wenn man sich vor Panik am liebsten in die Hose machen möchte. Über ein separates Signal »Nasenrückenrunzeln« wird also erst einmal nur eine Absicht zum Beißen, bzw. eine »Bitte um Abstand« (Drohung) ausgedrückt. Welcher emotionale Hintergrund dabei im Sender herrscht, wird rein über das Nasenrückenrunzeln noch nicht zum Ausdruck gebracht. Hier kann sich der Sender jetzt entscheiden, ob er die Gesamtinformation für den Empfänger erhöht, indem er weitere Signale dazu gibt. Der Sender kann in dieser Situation z. B. noch ein Signal senden, welches bedeutet »ich habe Angst« oder »ich habe gut gefrühstückt und fühle mich stark«.

> **Wichtig**
>
> Die beschriebenen Entwicklungen von Signalen sind natürlich nicht über Nacht geschehen. Man kann davon ausgehen, dass sie sich über Tausende von Generationen in der Evolution hingezogen haben.

Begrüßungsrituale sollte der Hund schon als Welpe lernen können.

cken« bis »unter dem Bauch«) und die Bewegung kann unterschiedlich weit sein (von kleinen »Zitterbewegungen« bis zum Halbkreis von einer Körperseite zur anderen). Viele Menschen meinen, dass ein wedelnder Hund auch grundsätzlich ein freundlicher Hund sei – und dies ist falsch. Wenn der Hund seinen Schwanz mehr oder weniger heftig hin und her bewegt, heißt dies zunächst nur: »Ich bin erregt, aufgeregt oder vielleicht auch schon gestresst.« Welche weitere Stimmung dabei noch im Hund vorliegt (freudige

Beide Hunde sind bei dieser Begrüßungszeremonie unsicher und zeigen Zeichen für Stress.

SIGNALE MISCHEN ▶ Gerade diese Möglichkeit des »Mixens« macht es Menschen manchmal schwer, ihren Hund ganz korrekt einzuschätzen. Menschen neigen dazu, sich auf einige Schwerpunktsignale zu beschränken und den Rest nicht mehr genügend zu beachten. Beim Schwanzwedeln ist dies sehr häufig zu beobachten. »Wedeln« bedeutet, dass der Hund seinen Schwanz mehr oder weniger schnell hin und her bewegt. Der Schwanz kann dabei in unterschiedlichen Stellungen getragen werden (von »über dem Rü-

Erregung, Angst, etc.), zeigt er über weitere zusätzliche Signale; wenn diese dann vom Menschen nicht bemerkt oder beachtet werden, kann man böse Überraschungen erleben.

▶ **Täuschungssignale**
Eine zusätzliche Hypothese zur Ritualisierung von Signalen und deren Informationsgehalt ging davon aus, dass sich Sender und Empfänger in der Evolution ein Rennen geliefert haben, wer wen besser manipulieren kann, beziehungsweise wer sich von wem nicht

manipulieren lässt. Aber auch hierbei geht es letztendlich immer um die eigene Fitness bei Sender und Empfänger, zu deren Gunsten manipuliert wird. Dabei sollte man deutlich sagen, dass der Vorgang der Manipulation bei Tieren keine vorsätzlichen Taten beinhaltet, wie sie bei Menschen zu finden sind. Tiere agieren hierbei immer recht aktuell und nicht bewusst über Tage in die Zukunft geplant. So haben sich im Tierreich auch so genannte »Täuschungssignale« entwickelt, ohne dass man sagen kann, dass die Tiere dabei genauso absichtsvoll oder bewusst lügen wie ein Mensch. Das »sich größer machen« als Imponiergeste bei Wölfen ist im Grunde nichts anderes als solch ein Bluff. Man versucht, den anderen schon gleich zu Beginn der Kommunikation abzuschrecken, indem man so tut, als ob mehr dahinter sei. Und darum werden dann manchmal einzelne Signale auch so zusammengesetzt, dass der Empfänger über die wahren Absichten des Senders getäuscht wird. Hunde können einzelne Ausdruckselemente für Angst, Demut, Stress, Spiel, oder Wut variationsreich kombinieren.

BLUFFS ▶ Auch unsere eigenen Hunde können wundervoll bluffen. Unsere alte Hündin z. B. isst für ihr Leben gerne Pferdeäpfel. Wenn sie zu Pferdeäpfeln hinläuft, wird sie zurückgerufen und wenn man es zu spät beachtet und sie hat das Fressen schon begonnen, wird mit einem OFF unterbrochen. Sie gehorcht jeweils sofort – aber man merkt ihr den Motivationskonflikt häufig an. Sie kommt zwar immer zügig zurück, da sowohl Rückruf als auch OFF gut gelernte Kommandos sind, aber sie zeigt dabei durchaus, dass die Belohnung vom Menschen eigentlich nicht mit Pferdeäpfeln mithalten kann. Im Laufe der Zeit hat sie sich ein Täuschungsmanöver angewöhnt, über das wir ab dem Moment, wo wir es durchschaut hatten, einfach nur herzlich lachen konnten (und haben es seitdem bei vielen anderen Hunden beobachtet, beziehungsweise es von deren Besitzern beschrieben bekommen).

Wenn diese Hündin irgendwo Pferdeäpfel roch, orientierte sie sich nicht mehr in die entsprechende Richtung (das würde man ja gleich merken), sondern lief beiläufig mit dem Menschen

Auch der Geruch kann etwas über den emotionalen Zustand aussagen.

mit; sie wurde im Laufen allerdings immer langsamer. Irgendwann lag sie dann so weit hinten, dass sie halbwegs unbemerkt schnell zu dem Haufen zurückgaloppieren konnte und einige herzhafte Bissen nahm, bevor es entdeckt wurde.

Es hat sich dann ein kleines »Wettrüsten« in unserer Kommunikation entwickelt. Nachdem ihr Trick durchschaut war, wurde gezielt in Gegenden spazieren gegangen, in denen auch Reiter unterwegs waren. Man hat bewusst darauf geachtet, wann die Trödelei anfing und hat sie dann zügig weitergehen lassen. Daraufhin hat sie etwas Neues probiert: Sie lief nicht einfach nur langsamer, sondern schnupperte angestrengt am Boden. Da denkt man natürlich erst einmal, dass der Hund einen Platz für die Geschäfte sucht, oder dass dort tatsächlich etwas ganz Wichtiges zu riechen ist und ein Haufen Pferdeäpfel irgendwo in der Ferne nicht der Grund sein kann. Und prompt tappt man in die Falle – man ging weiter und der Hund raste zum Ort der Begierde zurück.

Irgendwann fingen wir dann an, die Haufen direkt aufzusuchen und mit dem OFF zu belegen. So entwickelte sie ein Meideverhalten, welches nun von Zeit zu Zeit immer wieder einmal aufgefrischt werden muss – und wenn man dies vergisst, versucht die Hündin wieder, einen auszutricksen. Drastischere Erziehungsmethoden wurden hierbei nicht angewandt. Der Aufwand eines drastischeren Trainings stand nicht im Verhältnis zu dem kleinen Problem, was tatsächlich mit diesem Hundeverhalten bestand. Grundsätzlich finden wir es nicht so schlimm, wenn ein Hund Pferdeäpfel frisst; der Wolf frisst auch, zumindest wenn es nichts weiteres gibt, den Mageninhalt seiner Beute. Und was das Hygienerisiko angeht, gibt es sehr viel unangenehmere und gesundheitsschädlichere (für Hund und Mensch) »Essgewohnheiten« bei Hunden.

▶ **Kommunikation zwischen verschiedenen Tierarten**
Für Tiere, die Feinde oder Beutegreifer zu fürchten haben, ist es überlebenswichtig, einen Feind rechtzeitig zu erkennen. Auch dies geschieht über Signale – über Signale, die der Feind entsendet. Aus Gründen der Ökonomie sollte man aber auch erkennen und ein-

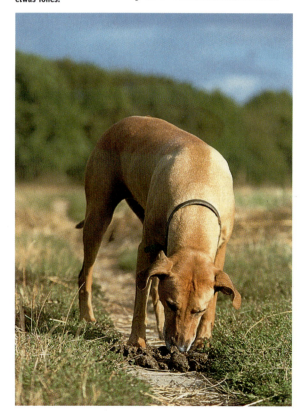

Pferdeäpfel sind für die meisten Hunde etwas Tolles.

ENTWICKLUNG VON SIGNALEN 33

> **Wichtig**
>
> Tiere haben in der Evolution verschiedene Kommunikationsformen entwickelt. Sie haben gelernt, auf bestimmte Verhaltensweisen bei anderen zu achten, um die Handlungsabsicht des Gegenübers zum eigenen Nutzen frühzeitig zu erkennen und eventuell das Gegenüber auch zum eigenen Nutzen manipulieren zu können. Bestimmte Lernvorgänge fanden dabei auch »artübergreifend« statt. Artübergreifend heißt hier tatsächlich von einer Tierart zur anderen; die Kommunikation zwischen Mensch und Hund ist z. B. artübergreifend.

Kommunikation zum beiderseitigen Nutzen: Früher ging man gemeinsam auf die Jagd – heute macht man Jagdspiele.

ordnen können, wann man tatsächlich fliehen muss und wann der Feind zwar vorhanden ist, aber keine Gefahr darstellt.

Seehunde und Orcas teilen sich das gleiche Ökosystem – und Seehunde sind für Orcas Beutetiere. Orcas fressen aber nicht nur Seehunde, sondern es gibt auch Familiengruppen, die ausschließlich nur von Fisch leben. Seehunde haben nun gelernt, die verschiedenen Gruppen anhand ihrer Sprache zu unterscheiden. Sie unterscheiden die verschiedenen Orca-Dialekte und können so »Freund und Feind« voneinander trennen. Dabei sind die Seehunde reine »Mithörer« der Unterhaltung der Wale und haben nur im Laufe der Evolution ein wenig diese Sprache gelernt. Sie kommunizieren nicht reziprok (erwidernd) mit den Orcas. In der Regel findet zwischen Räuber und Beute keine reziproke Kommunikation statt. Der Räuber versucht, seine Beute zu finden und zu erlegen, und die Beute versucht, sich zu tarnen, zu schützen oder zu verteidigen. Zwangsläufig findet dabei Kommunikation statt – aber nicht in der Art, dass immer bewusst und gezielt vom Sender an den Empfänger gesendet wird. Das Rascheln einer Maus ist ein Signal, das von Katzenohren aufgefangen wird. Die Maus hat es aber nicht gezielt an die Katze gesendet (wohl eher im Gegenteil).

REZIPROKE KOMMUNIKATION ▶
Es gibt aber auch Beispiele für eine reziproke Kommunikation von Mitgliedern einer Tierart mit Mitgliedern einer anderen. Sie tritt überall dort auf, wo sich Tiere aus verschiedenen Tierarten den gleichen Lebensraum (das gleiche Ökosystem) teilen und wo auf be-

stimmte Art und Weise Berührungspunkte zwischen Tieren dieser Arten vorhanden sind, die über ein reines Beute-Jäger-Verhältnis hinausgehen. So etwas findet man z. B. zwischen Löwen und Hyänen als Räuber, die um die gleiche Ressource konkurrieren. Man findet es aber auch dort, wo eine Tierart eine andere als Helfer benötigt, um eigene Ziele zu erreichen. Denken Sie nur an bestimmte Vogelarten, die im geöffneten Maul von Krokodilen herumwandern und Futterreste herauspicken. Krokodile und Vögel haben dabei beide ihre Vorteile und die Krokodile würden diese Vögel so ohne weiteres nicht fressen.

Gewisse Kommunikationsformen entwickelten sich also nicht nur unter Tieren der gleichen Art, sondern zwangsläufig auch unter Tieren verschiedener Arten.

▶ **»Games Theory«**
Für genau definierte Ökosysteme lassen sich in der Verhaltensbiologie sehr schöne Rechenbeispiele entwickeln, wie sich wohl im Laufe der Evolution gewisse Kommunikationsstrategien entwickelten und mit welcher Wahrscheinlichkeit Tiere nun unter gegebenen Bedingungen bestimmte Reaktionen zeigen werden. Dabei gelten diese Rechenbeispiele sowohl für den Vergleich zweier verschiedener Arten als auch zur Veranschaulichung, wie sich bestimmte Kommunikationsformen innerhalb einer Art entwickelt haben könnten.

Die so genannte »Games Theory« (Spiele-Theorie als mathematisches Modell) war ursprünglich für Wirtschaftswissenschaften entwickelt worden. Sie eignet sich aber auch wunderbar als Erklärung für die Entwicklung bestimmter tierischer Verhaltensweisen. Das berühmteste Rechenbeispiel spielt in einem Ökosystem, in welchem eine Tierart lebt, bei der eigentlich nur zwei verschiedene Verhaltensweisen auftreten: Falken- und Taubeneigenschaften. Die Falken kämpfen immer, wenn sie auf ein anderes Tier treffen,

▶ **Kommunikationsformen**

Wo beide Tierarten in einem gewissen Abhängigkeitsverhältnis zueinander stehen kommt es zur artübergreifenden Kommunikation. Dies hat sicherlich auch zwischen den frühen Menschen und frühen Hunden stattgefunden. Bei solch einer artübergreifenden Kommunikation kann es auch dazu kommen, dass ein Partner bestimmte Signale des anderen übernimmt oder nachmacht. Hunde können z. B. das »Lächeln« von Menschen als Begrüßungssignal in ihr Verhaltensrepertoire aufnehmen. Das Zeigen der Zähne gehört ja für Hunde zu den Drohsignalen. Wenn man lächelt zeigt man die Zähne und dieses menschliche Signal wird oft von Hunden missverstanden – eben als Drohung und nicht als Freundlichkeit, wie vom Mensch eigentlich gemeint. Es gibt aber Hunde, die tatsächlich gelernt haben bei der Begrüßung von Menschen zu lächeln. Sie zeigen dieses Signal dann auch nur Menschen gegenüber und in der Regel auch nur in Begrüßungssituationen.

entweder um zu verletzen oder um zu töten. Tauben dagegen drohen nur und töten nie. Stellen Sie sich jetzt eine Population vor, in der nur Tiere mit Taubeneigenschaften leben. Ein durch Zuwanderung oder Mutation hinzukommender Falke könnte sich bald extrem durchsetzen und vermehren, weil seine Strategie zunächst sehr erfolgreich wäre. Eine reine »Taubenstrategie« hätte in der Natur also keine Chance, sich in der Evolution durchzusetzen. Die reine Falkenstrategie aber auch nicht – da dann für jeden einzelnen Falken das Risiko der Beschädigung der eigenen Fitness sehr stark zunehmen würde. Wenn viele Falken da sind, haben auf einmal die Tauben wieder eine Chance: Die Falken beschädigen sich massiv gegenseitig, da sie ja auf jeden Kampf eingehen, während die Tauben nur drohen und ansonsten dem Kampf ausweichen wo es geht. In der Evolution wird sich für diese Tierart eine kombinierte Falken-Tauben-Strategie durchgesetzt haben. Diese Strategie ist stabil und wird sich lange halten (evolutionär stabile Strategie), wenn sich für beide Seiten Kosten und Nutzen des jeweiligen Verhaltens halbwegs die Waage halten.

Sie teilen sich das gleiche Ökosystem und sind Konkurrenten um die Beute.

Mit solchen mathematischen Modellen hat man auch untersucht, wie rationell Tiere handeln. Der Mensch sieht sich ja gerne als die Krone der Schöpfung – auch was das Verhalten, den Intellekt und die Kontrolle über Emotionen angeht. Interessanterweise haben die Rechenbeispiele der Games Theory gezeigt, dass Tiere ihre Probleme oftmals viel rationeller und logischer angehen als Menschen. Ob dies den Tieren bewusst wird, wäre zu diskutieren.

Der Hund – ein Rudeltier

Der Hund – ein Rudeltier

38 ▶	Kommunikationsstrategien	50 ▶ Geräusche, Nase und Körpersprache
46 ▶	Wie Welpen Hundesprache lernen	

Kommunikationsstrategien

So wie bei der »Games Theory« beschrieben, muss man sich auch die Evolution bestimmter Kommunikationsstrategien bei Wölfen vorstellen. Auch unter Wölfen gibt es »Falken« und »Tauben«. Als hochsoziale Tiere leben Wölfe sehr eng mit Artgenossen zusammen. Dabei reichen die möglichen Gruppengrößen von der kleinen Zweiergruppe bis hin zu großen Rudeln mit 10 bis 20 Mitgliedern. Tatsache ist, dass man sich als gut bewaffneter Wolf vorsehen muss, nicht zu viele Konflikte aktiv in der Gruppe auszutragen. Für jedes Gruppenmitglied stellt die Gruppe, egal wie groß, einen wichtigen Überlebensfaktor dar. Es wäre für jeden Einzelnen schädlich, wenn man sich innerhalb der Gruppe permanente Kämpfe liefern würde. Eine reine »Falkenstrategie« hätte die Wölfe wohl schnell aussterben lassen und auch den späteren Hund nicht unbedingt zum beliebten Hausgenossen des Menschen werden lassen.

Sinn und Zweck der fein differenzierten Kommunikation bei Wölfen und Hunden ist es, Kooperation und Konkurrenz im sozialen Miteinander zu regeln. Das Kommunikationsverhalten gehört zum Sozialverhalten der Wölfe und Hunde und spielt hier eine tragende Rolle. Einzelne Gruppenmitglieder müssen miteinander kooperieren, da sonst jeder in der Gruppe in seinem Weiterleben gefährdet wäre. Da die Mitglieder einer sozialen Gruppe eng aufeinander hocken, entwickeln sich zwangsläufig auch Konflikte; in der Regel um Ressourcen wie z. B. den Fortpflanzungspartner, Futter oder den besten Lagerplatz. Diese Konflikte müssen über Kommunikationsstrategien entschärft werden.

▶ **Schadensvermeidung**

Die Kommunikationsstrategien bei Wölfen (und Hunden) verfolgen verschiedene Ansätze, wobei der zentrale Punkt immer ist, dass Schaden für eines oder mehrere Gruppenmitglieder vermieden werden soll, soweit irgend möglich. Ein wichtiger Ansatz in der Kommunikation ist also, zunächst einmal Informationen über sich selbst zu geben: über Gefühle, Stimmungen oder Handlungsabsichten (z. B. »ich möchte diesen Knochen haben«) – und die entsprechend passenden Informationen beim Gegenüber abzufragen. Vielleicht sagt daraufhin der Partner in der Kommunikation einfach »geht klar (nimm dir den Knochen, den du haben willst)«. Wenn er dies nicht sagt und man will diesen Knochen immer noch haben, muss ein anderer Ansatz in der Kommunikation verfolgt werden. Man kann vielleicht deutlich machen, wie dringend man diesen Knochen nun ge-

KOMMUNIKATIONSSTRATEGIEN 39

müssen wieder geändert werden. Wenn der andere sich als sehr stark erweisen sollte, mag dies Unsicherheit bis hin zur Angst bei dem Wolf mit dem ursprünglichen Knochenwunsch auslösen. Jetzt muss er sich entscheiden, ob er diese Angst seinem Gegenüber zeigt. Dies könnte Vorteile und Nachteile haben. Vorteil könnte sein, dass der andere (der Knochen-Verteidiger) sich wieder etwas entspannt und nicht mehr so großes Interesse an der Verteidigung des Knochens bekundet; Nachteil kann sein, dass der Knochenverteidiger sagt »jetzt erst recht« und stärker mit Drohen anfängt, um den Knochenräuber zu vertreiben. Nächste Strategien könnten dann die Flucht sein, oder das Zeigen von Demutsgesten, um den anderen zu besänftigen, oder noch einmal der Versuch, den anderen auszutricksen. Und natürlich bleibt als weitere mögliche Strategie immer auch noch das ernsthaftere Kämpfen: offensives Aggressionsverhalten wie z. B. Beißen. Wölfe und Hunde haben eine Vielzahl an Möglichkeiten, wie sie in Konflikten miteinander kommunizieren können.

rade braucht, um dem Hungertod zu entkommen; man kann versuchen, den Kommunikationspartner auszutricksen indem man so tut, als ob einen der Knochen so gar nicht interessiert und wenn der andere sich abwendet, nimmt man ihn schnell.

Man kann natürlich auch versuchen, sich als stärker hinzustellen und dem Gegenüber zu vermitteln, dass dieser in einem möglichen Kampf so gar keine Chance hätte. Vielleicht fängt dann der Kommunikationspartner aber auch an zu Imponieren und die Strategien

Auch um Spielzeug können sich Konflikte entwickeln. Das gut geübte »Aus-Kommando« ist eine unter mehreren Möglichkeiten, um diese zu umgehen.

Die vier F´s

Aus der englischen Sprache heraus werden diese vier groben Strategien, wie mit einem Konflikt umgegangen werden kann, als die »4-F´s« bezeichnet. Wenn man Angst oder Stress vor irgendetwas oder durch irgendwen hat, kann man:

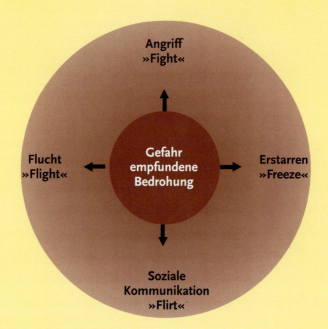

1. Fliehen und hoffen, dass der andere langsamer ist
   (englisch: **flight**)
2. Erstarren und hoffen, dass der andere einen nicht mehr beachtet
   (englisch: **freeze**)
3. Angreifen und hoffen, dass der andere schwächer ist
   (englisch: **fight**)
4. Versuchen, mit dem anderen zu kommunizieren und zu erreichen, dass man sich ohne Kampf einigen kann und dass nicht einer aus der Gruppe fliehen muss
   (englisch: **flirt**).

▸ Umgang mit Gefahr

Die vier Strategien bei Gefahr (also bei Angst, Stress, Bedrohung von Ressourcen) haben sich recht universell während der Evolution im Tierreich entwickelt. Dabei sind sie bei den verschiedenen Tierarten mit unterschiedlichen Schwerpunkten ausgebildet. Das Erstarren gehört z. B. zur Überlebensstrategie bei Kaninchen; auch ein Fohlen wird in den ersten Lebenstagen eher versuchen, »unsichtbar« im hohen Gras zu verharren anstatt zu flüchten, wie es eigentlich die erste Strategie des Fluchttieres Pferd bei Gefahr ist. Bestimmte Fischarten, wie z. B. der Stichling, werden beim Anblick eines männlichen Artgenossen sofort attackieren anstatt zu »flirten«, wie sie es bei Damenbesuch im Revier tun würden.

KONFLIKTENTSCHÄRFUNG ▸ Diese 4 F's sind aber nur grobe Richtungen und keine fixen Vorgaben im Sinne von »entweder/oder«. Ein Wolf, der im Anblick einer Bedrohung zunächst die Konfliktentschärfung über Dominanz- und Demutsgesten sucht, kann ohne weiteres nach einer halben Minute auf Flucht oder die offensive Aggression umschwenken, wenn er merkt, dass »Flirt« ihm nicht den gewünschten Erfolg in dieser Situation bringt. Und er kann auch noch drei Mal zwischen allen Varianten hin und her wechseln, wenn er meint, dass es ihm in der entsprechenden Situation nützt.

▸ Lernen durch Erfahrung

Auf Dauer wird ein Lebewesen natürlich Lernerfahrungen sammeln, welche Strategien in bestimmten Situation welche Vorteile mit sich bringen. In Zukunft wird das Tier dann einer bestimmten Variante immer zunächst den Vorzug geben, bevor es andere ausprobiert. Hunde und Briefträger – dieser Problemkomplex ist ein schönes Beispiel für ein derartiges Lernen.

BRIEFTRÄGER ▸ Sie sind eigentlich, aus der Sicht des Hundes, eine permanente Bedrohung des Territoriums. Jeden Tag kommen sie an, verletzen die Grenze und klappern an irgendetwas, was zum Territorium gehört, herum – das Ganze auch noch direkt vor dem wichtigsten Zutrittsweg in oder innerhalb dieses Territoriums. Bestimmte Hunde fangen nun an zu bellen. Bellen ist ein Signal, welches bei Hunden verschiedene Informationen tragen kann. Bellen kann ein reines Aufmerksamkeitssignal sein: »Hallo, hier bin ich und will etwas von dir«; Bellen kann aber auch bedeuten »Hilfe, ich bin allein, wo seid ihr?«; und natürlich kann ein Hund über Gebell auch sagen »du

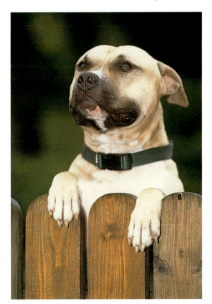

Begegnung an der Territoriumsgrenze: Dieser Hund wartet auf sein Leckerli, welches sein Freund immer dabei hat.

Der Mensch ist beim Spaziergang mit seinem Hund selten allein unterwegs, sondern trifft regelmäßig auf andere Hunde.

machst mir Angst, ich fühle mich bedroht (ich fühle mein Territorium bedroht), geh weg sonst beiße ich dich«. Der Briefträger bekommt zumeist die letzte Information, wenn er von Hunden angebellt wird.

Und nun beginnt ein Teufelskreis ins Problem hinein. Natürlich hat kein Briefträger Zeit, sich einmal länger vor einer Tür aufzuhalten als nötig. Der Briefträger macht seine Arbeit und die bedeutet in möglichst kurzer Zeit viele Häuser/Gärten abzuklappern. Das weiß der Hund aber nicht! Für ihn sieht die Lage so aus, dass er den Briefträger erfolgreich mit seinem Gebell in die Flucht geschlagen hat.

Hier tritt ein weiterer Grundsatz der Lernbiologie in Aktion: »Verhalten, welches belohnt wird, wird auf Dauer öfter gezeigt«. Das vermeintliche Verschwinden des Briefträgers auf das Gebell hin ist die Belohnung für den Hund – und das Verbellen von Briefträgern durch die Tür oder den Zaun hindurch wird dadurch verstärkt. Durch Lernen hat der Hund also eine bestimmte Kommunikationsstrategie für diese Situation der Bedrohung verfestigt: »Lautes Drohen nutzt mir, um ein Problem zu beseitigen.« Er wird diese Strategie immer schneller und immer stereotyper in den entsprechenden Situationen zeigen.

Irgendwann kommt dann aber doch einmal der Tag, wo sich Hund und Briefträger ohne Zaun oder Tür dazwischen gegenüberstehen, und wo der Briefträger auch nicht gleich verschwindet, weil er z. B. ein Einschreiben abgeben muss oder Ähnliches. Die alte Strategie des Hundes war jetzt nutzlos (Briefträger »flüchtet« zunächst ja nicht) und zudem ist die Bedrohung des Territoriums akuter vorhanden als sonst. Einige Hunde (zumindest die, die dann auch Briefträger gebissen haben) schwenken nun zur Strategie »Angriff ist die beste Verteidigung«. Sie beißen den Briefträger, um über dieses deutlichere Mittel der Kommunikation noch einmal nachdrücklich zu sagen, dass er verschwinden soll. Dabei sind dies dann keine »bösartigen« Hunde – es sind Hunde, die Normalverhalten zeigen; dieses Normalverhalten ist nur (verständlicherweise) in unserer heutigen Gesellschaft nicht erwünscht und sollte darum über entsprechendes Training verändert werden.

> **Wichtig**
>
> Über Lernerfahrungen sind Kommunikationsstrategien beeinflussbar. Dies ist auch vernünftig so. Ein Lebewesen, welches nicht aus seinen Erfahrungen lernen könnte, wäre in seiner Fitness sehr eingeschränkt, wenn nicht sogar deutlich gefährdet.

Bildung von Hierarchien

Wölfe sind nicht nur hochsoziale Tiere, sondern sie haben in der Evolution auch noch eine ganz bestimmte Sozialstruktur entwickelt: Im Zusammenleben von Wölfen bilden sich Hierarchien (Rangstrukturen) in der Gruppe. Auch bei unseren Hunden finden wir derartige Rangstrukturen, allerdings kann man das soziale Leben der Wölfe nicht so ohne weiteres eins zu eins auf das Zusammenleben von Hunden, eventuell auch noch mit dem Menschen, übertragen.

für sich haben zu wollen. Wenn sich zwei völlig fremde Hunde treffen, besteht zwischen ihnen noch kein Rangunterschied. Sie fangen vorsichtig an, sich gegenseitig auszuloten. Dabei zeigen sie auch mehr oder weniger Imponierverhalten – und dies wird von Menschen häufig mit »Dominanz« gleichgesetzt, obwohl es in Wahrheit nur der Weg dahin ist. Zur Ausbildung einer Rangposition gehören immer zwei – ein einzelnes Tier pauschal als »mein Hund ist ja immer sooo dominant« zu bezeichnen ist Quatsch. Damit sich ein Rangunterschied herausbilden kann, also damit hinterher einer dominant und der andere subdominant ist, reicht es nicht nur, dass einer massiv imponiert. Es gehört immer auch der andere dazu, der im entscheidenden Moment das passende Gegensignal sendet – der nämlich Submission (Unterwerfung) zeigt. Wird diese nicht gezeigt, kann der andere Imponieren bis ihm schwarz vor Augen wird – Chef ist er alleine dadurch noch lange nicht.

»RANGUNTERSCHIED« ▶ Dies bedeutet, dass ein Lebewesen dominant ist und das andere subdominant. Dominanz oder Subdominanz sind dabei keine angeborenen Eigenschaften wie eine bestimmte Augenfarbe oder Körpergröße. Ein bestimmter Rangunterschied zwischen zwei Wölfen oder Hunden kann sich nur entwickeln, wenn man sich zumindest etwas kennen gelernt hat; wenn man also etwas über des anderen Stärken und Schwächen oder Ambitionen weiß – z. B. der Ambition, eine bestimmte Ressource

Diese Hunde tauschen Informationen untereinander aus, um sich auf Dauer stressfrei auf dem gleichen Gelände bewegen zu können. Über mehrere solcher Begegnungen werden auch Hierarchien ausgebildet.

> **Wichtig**
>
> Rangunterschiede entwickeln sich nur dort und in dem Ausmaß, wo es aus Sicht der Tiere nötig ist. Eine differenziert und gut strukturierte Hierarchie ist dort wichtig, wo Tiere auf engem Raum zusammenleben und aufeinander angewiesen sind. Genau dann ist diese Hierarchie der Garant dafür, dass permanente kräftezehrende Konflikte vermieden werden. Über die Hierarchie ist genau festgelegt, wer wann welche Rechte auf welche Ressourcen hat. Damit werden Streitigkeiten vermieden und man kann sich auf die wichtigen Dinge konzentrieren.

▶ Begegnungen zwischen rudelfremden Tieren

Wenn sich zwei Wölfe aus verschiedenen Rudeln zufällig im Gelände begegnen, werden sie sich nicht lange genug miteinander beschäftigen, um einen Rangunterschied herauszubilden. Wozu auch – da sie nicht enger sozial zusammenleben, ist eine Hierarchie zwischen ihnen schlicht nicht nötig. Sie werden sich dort, wo es geht, aus dem Weg gehen. Wenn das Zusammentreffen auf dem Territorium eines der beiden Wölfe stattfindet, wird dieser wohl versuchen, den Eindringling zu vertreiben. Das wird mit großer Wahrscheinlichkeit auch zunächst über Imponierverhalten und Drohverhalten stattfinden, weil diese Verhaltensweisen im Verhältnis zur ernsten offensiven Auseinandersetzung Kosten sparender sind. Aber in diesem Fall dient das Imponieren nur dazu, den Gegner in die Flucht zu schlagen.

DOMESTIKATION ▶ Unsere Hunde treffen nun permanent mit rudelfremden Artgenossen zusammen. Im Grunde ist es den Hunden hoch anzurechnen (und letztendlich ein Ausdruck für eine perfekte Domestikation), dass im Verhältnis so wenig ernste Zwischenfälle in diesem Bereich passieren. Die Domestikation vom Wolf zum Hund hat wohl dazu geführt, dass gerade das Territorialverhalten mehr oder weniger stark abgeschwächt wurde. Man hat allerdings manchmal den Eindruck, dass die Menschen diese enorme Leistung unserer Hunde gar nicht richtig zu würdigen wissen.

Rangunterschiede zwischen »rudelfremden« Hunden bilden sich heraus, aber erst, wenn diese Hunde sich einige Male auf dem Spaziergang begegnet sind und sich kennen lernen konnten. Rangunterschiede müssen sich auch zwangsläufig herausbilden, da Hunde in unserer menschlichen Gesellschaft immer wieder mit vielen anderen auf einem bestimmten Areal (Territorium) zusammentreffen. Dies ist eine andere

Eine alltägliche Situation mit Konfliktpotential auf unseren Straßen. Auch wenn es hierbei für diesen Hund nicht um Rangunterschiede geht – durch solche »merkwürdigen« Gestalten könnte er sich bedroht fühlen.

Situation als sie bei den Wölfen vorliegt. Dieses permanente Zusammentreffen mit anderen Hunden bedeutet Stress; der Stress wird dadurch reduziert, dass man sich kennen lernt, weiß wen man vor sich hat, und sich gewisse Spielregeln für die zukünftigen Treffen ergeben.

DROHVERHALTEN ▶ Dort, wo Imponieren und/oder reines Drohverhalten nicht den gewünschten Erfolg bringt, wird in der Kommunikation eine Stufe höher geschaltet: nun kann auch offensives aggressives Verhalten wie Schnappen oder tatsächlich auch Beißen gezeigt werden. Dabei kann im Laufe der Zeit dieser Eskalationsweg verloren gehen. Hunde lernen schnell, welches Verhalten erfolgreich ist und welches nicht. Wenn ein Hund die Erfahrung macht, dass Knurren nichts nutzt, weil das Gegenüber z. B. nicht die vom Hund gewünschte Reaktion zeigt, wird er über kurz oder lang auf das Knurren verzichten (Energieverschwendung!) und stattdessen lieber gleich schnappen. Menschen nennen solche Hunde gerne sehr vermenschlichend »bösartig« oder »falsch«. Dabei liegt der Fehler eher beim Menschen, der nicht ausreichend genug auf das Hundeverhalten geachtet hatte.

Wenn Hunde regelmäßig in bestimmten Konfliktsituationen beißen, ist dies weniger ein Ausdruck von »Dominanz«, sondern eher von Unsicherheit und Angst – z. B. aufgrund der Unsicherheit über die eigene Rangposition. Der in einer bestimmten Zweierbeziehung dominante und zugleich sichere Hund hat es nicht nötig, sich permanent zu echauffieren, zu drohen und diese Drohung weiter zu verschärfen. Dieser Hund wird genau abwägen, wo der Energieaufwand für derart drastisches Verhalten gerechtfertigt und nötig ist und dann wird er zügig und in der Regel kontrolliert handeln. Der unsichere und leicht zu ängstigende Hund ist für das Zusammenleben mit dem Menschen der eigentliche Risikofaktor. Wenn dann noch ein Mensch dazukommt, der das Verhalten des Hundes nicht gut einschätzen kann, kann es schnell gefährlich werden. Genau hier will dieses Buch helfen und vorbeugen.

Auch zwischen Hund und Mensch bilden sich Hierarchien – hier eine ranganmaßende Geste der Besitzerin gegenüber ihrem Hund. Ob sich der Mensch in diesem Moment tatsächlich Gedanken über die Hierarchie macht?

Wie Welpen Hundesprache lernen

Welpen müssen die Grundlagen der Kommunikation mit ihresgleichen und den erwachsenen Rudelgenossen erst lernen. Ab einem bestimmten Alter, so ca. mit Beginn der vierten Lebenswoche, ist zwar die motorische Kontrolle über die Muskeln gut ausgeprägt, die feine Motorik für bestimmte Signale und vor allen Dingen deren Informationsgehalt wird sich aber erst im Laufe der weiteren Lebenswochen herausbilden. Welpen können z. B. ab einem bestimmten Alter wunderschön den Nasenrücken kräuseln – den Informationsgehalt dieses Signals müssen sie aber genauso lernen, wie sie lernen müssen, wann und wie stark sie ihre Zähne an einem Gegenüber einsetzen.

▶ Soziale Spielregeln im Rudel

Im Wolfsrudel würden sich die Welpen miteinander beschäftigen – aber auch mit den Eltern und den anderen Rudelmitgliedern, in der Regel also Onkel und Tanten und diverse Halbgeschwister, Cousins oder Cousinen. Bei unseren Haushunden stehen zumeist nur die Mutter und die Wurfgeschwister für das Lernen der sozialen Spielregeln und der Kommunikation zur Verfügung. Und anders als der Wolf, der sich im restlichen Leben nur mit seinesgleichen auseinander setzen muss, muss der Hund sich in einer deutlich vielfältigeren Gesellschaft zurechtfinden. Im Grunde gibt es so für unsere Hunde mehr zu Lernen als für den

Ein Konflikt um einen Ball wird spielerisch ausgetragen und damit entschärft. Trotzdem macht der Setter seinen Anspruch auf die »Beute« deutlich.

Wolf bei weniger differenzierten Möglichkeiten, dieses auch tatsächlich machen zu können. Ein guter Hundezüchter zeichnet sich denn auch dadurch aus, dass er sich mit seinen Welpen viel Arbeit macht. Das fängt schon damit an, dass die »richtigen« Elterntiere verpaart werden. Einfach nur auf »Schönheit« sollten heute keine Hunde mehr gezüchtet werden. Wer dies tut, verkennt, dass es diverse vererbte Gesundheitsprobleme bei Hunden gibt. Und es gibt auch bestimmte charakterliche Veranlagungen, die bei der Auswahl der passenden Eltern bedacht werden sollten.

»Dann eben nicht ...« – auch mit einem Stock kann man Imponieren.

ÄNGSTLICHKEIT ▶ Man weiß, dass Angstbereitschaft zumindest anteilig vererbt wird. Über das genaue Ausmaß kann man keine konkreten Angaben machen; man kann bei einem Hund im späteren Leben nicht mehr konkret sagen, wie viel an seinem Charakter denn nun wirklich angeboren und wie viel erlernt, also durch die Umwelt beeinflusst worden ist. Aber man kann sagen, dass es immer eine Mischung aus beidem ist. Durch eine sehr gute Aufzucht können »ängstliche Gene« bis zu einem bestimmten Punkt ausgeglichen werden – und »sichere Gene« (als Gegensatz zu ängstlich) können sich durch eine falsche Aufzucht im späteren Charakter des Hundes nicht mehr positiv bemerkbar machen. Ganz fatal wird es dort, wo angeborenerweise eine erhöhte Tendenz zur Ängstlichkeit vorhanden ist und dann noch eine falsche Aufzucht hinzukommt.

Der Setter kann mit »seinem Besitztum« entkommen.

Ohne dass der Mensch es vielleicht sofort mitbekommt, kann aus solchen Spielen beim älteren Hund Ernst werden.

allen weiteren Kontakten und/oder Umwelteinflüssen »irgendwo abseits« untergebracht sind. Diese Welpen haben zu wenig Möglichkeiten, das komplette Spektrum an Sozialverhalten und Kommunikationsstrategien zu lernen, welches sie brauchen, um später in unserer menschlichen Welt mit Hektik, Lärm, anderen Menschen und anderen Hunden stressfrei zu leben. Probleme sind dann vorprogrammiert!

HUNDEKAUF ▶ Als angehender Hundebesitzer lohnt es sich also, mehrere Züchter zu befragen und sich auch vor Ort zu informieren. Man sollte sich immer anschauen, wie die Welpen beim Züchter leben und auch, wie das Verhalten des Muttertieres ist. Wenn die Mutter schon ängstlich oder sogar aggressiv gegenüber den Besuchern reagiert, sollte vom Welpenkauf Abstand genommen werden. Ebenfalls Abstand sollte genommen werden, wenn die Welpen völlig isoliert von

SOZIALKONTAKT ▶ Nur über den wiederholten Kontakt mit verschiedenen Sozialpartnern lernen die kleinen Hunde, ihr Kommunikations-Werkzeug korrekt und effektiv zu gebrauchen. Ungefähr mit der vierten Lebenswoche werden z. B. zum ersten Mal Elemente aus dem Aggressionsverhalten gezeigt. Man beißt als Welpe wahllos in das Lebewesen, welches man gerade zufällig vor der Nase hat. Dieses Beißen wird vom Opfer zumeist nicht klaglos hingenommen, denn Welpenzähne sind spitz und pieksen fürchterlich. Das Gegenüber wird also reagie-

Erkundungstouren mit dem vertrauten Partner schaffen schnell Sicherheit.

Ein Welpe muss auch allein und in seinem eigenen Tempo Erfahrungen machen können.

ren. Ein gleichaltriges Wurfgeschwister kann noch nicht differenziert reagieren. Es wird die Schnauze aufreißen, fiepen und zurückbeißen. So lernt derjenige, der als Erstes gebissen hat, dass dieser Einsatz der Zähne weh tut – und zwar ihm selber. Und bevor es weh tut, schreit es auch noch laut. Fiepen oder Schreien bekommt so einen Informationsgehalt: es wird zu einem Signal, mit dem man sein Unbehagen ausdrücken kann – und der Empfänger dieses Signals hat dadurch die Möglichkeit, sein eigenes Verhalten rechtzeitig so zu verändern, dass es ihm nicht in der nächsten Sekunde weh tut. Derjenige, der gefiept hatte, lernt aber auch, dass man nicht unbedingt nach dem Fiepen gleich beißen muss, denn der andere lockert aufgrund des Fiepens meist schnell den Griff mit den Zähnen. Beide Welpen werden auf Dauer ihre Zähne vorsichtiger benutzen – so wird dann die Beißhemmung gelernt. Über viele Wiederholungen solcher Interaktionen werden also bestimmte Signale zu beiderseitigem Nutzen und zum Nutzen für das stressfreie Zusammenleben mit Inhalten gefüllt.

Die soziale Kompetenz

Die spätere soziale Kompetenz und die Kompetenz in der Kommunikation entscheiden sich in dieser wichtigen Phase im Leben eines Welpen: zwischen der vierten und ca. zwölften Lebenswoche. Je intensiver der Welpe hier lernen kann, desto sicherer und stressfreier wird er durch das spätere Leben gehen. Dabei ist es nicht nötig, dass der Welpe nun unbedingt das komplette Spektrum an späteren Umweltreizen erfährt; wichtig ist eher eine gewisse Vielfalt und große Unterschiedlichkeit der einzelnen Eindrücke. Dieses Wissen gibt Sicherheit! Vielfältige Lösungsmöglichkeiten für Probleme im Kopf parat zu haben, senkt die Stressanfälligkeit und gibt Handlungsspielraum. Solche Welpen und späteren Hunde sind angenehme Sozialpartner für Menschen und andere Hunde, weil sie kompetent und variationsreich kommunizieren können.

Geräusche, Nase und Körpersprache

Der Mensch nutzt in der Kommunikation mit dem Hund eigentlich nur einen kleinen Ausschnitt im ganzen Spektrum der Kommunikationsmöglichkeiten, welche dem Hund zur Verfügung stehen. Menschen kommunizieren mit ihren Hunden bewusst eigentlich fast ausschließlich über Geräusche. Daneben (und für viele Menschen unbewusst) wird zwischen Hund und Mensch über Körpersprache kommuniziert. Diese Form der Kommunikation (über Ausdrucksverhalten und Berührungen) ist nun aber gerade für Hunde die Hauptkomponente in der Kommunikation mit dem Sozialpartner. Es wundert also nicht, dass genau hier auch viele Missverständnisse zwischen Hund und Mensch ihren Ursprung haben.

▶ **Definition von Kommunikation**
Sie bezeichnet den Nachrichtenaustausch zwischen Lebewesen. Nachrichten werden über die entsprechenden Sendevorrichtungen gesendet und über entsprechende Empfangsvorrichtungen vom designierten Empfänger aufgefangen. Die folgenden Kapitel, die sich mit der Kommunikation unter Hunden und gezielt mit der Kommunikation zwischen Hund und Mensch befassen, werden jetzt nur die Kommunikationsformen beim Hund behandeln, bei denen wir Menschen selber gut empfangen und auch gezielt aussenden können. Uns fehlt z. B. die sensible Nase der Hunde – es ist den Menschen unmöglich, die Geruchsinformationen aufzunehmen, die der Hund aufnehmen kann. Wichtiger ist es, sich beim Thema »Kommunikation unter Hunden« und »Kommunikation mit Hunden« auf die Dinge zu beschränken, mit denen der Mensch und der Hund etwas anfangen können. Darum wird im Folgenden intensiv auf das Ausdrucksverhalten der Hunde eingegangen. Dies beinhaltet eine optische aber auch eine taktile Kommunikation. Dazu wird zudem ein wenig auf die akustische Sprache eingegangen – aber nur so weit, wie Geräusche bei bestimmten körperlichen Ausdrucksformen regelmäßig beteiligt sind.

Bei diesem Weg der Informationsübertragung kann der Mensch nicht mithalten.

Vom Wolf zum Hund

Vom Wolf zum Hund

52 ▸ Sozialer Umgang   53 ▸ Körpersprache und Mimik

Sozialer Umgang

Der Wolf ist der Stammvater aller Hunderassen. Aus diesem Grund ist es richtig und wichtig, sich in einem Buch über die Kommunikation mit Hunden auch mit dem Wolf zu befassen. Dabei muss bedacht werden, dass sich das gesamte Verhaltensrepertoire des Hundes schon in diversen Punkten erkennbar von dem des Wolfes unterscheidet. Aber es gibt nach wie vor viele Gemeinsamkeiten, und gewisse grundlegende Komponenten im Verhalten entsprechen sich. Wölfe und Hunde sind gesellige Tiere; sie sind sozusagen »obligat sozial«. Wölfe leben üblicherweise in Familiengruppen miteinander und es wurde im ersten Teil des Buches schon angesprochen, welche Vorteile und welche Nachteile solch ein enges Zusammenleben hat. Unsere Haushunde leben nicht regulär in Familiengruppen (obwohl dies auch im Zusammenleben mit dem Menschen durchaus vorkommen kann). Aber trotzdem gelten für die sozialen Strukturen, in denen die meisten Haushunde leben, die gleichen Maßstäbe wie für den Wolf. Hier hat die Zeitspanne der Domestikation vom Wolf zum Hund nicht ausgereicht, um bestimmte genetisch verankerte grundsätzliche Verhaltensstrukturen (z. B. Kosten-Nutzen-Rechnung oder die Handlungsmöglichkeiten bei Bedrohung – 4 F's, siehe S. 40) aus der Erbmasse zu löschen.

▸ Verständigung

Immer noch liegt der Schwerpunkt für die Kommunikation auch für den Hund darin, das soziale Miteinander so zu regeln, dass das einzelne Tier keinen Schaden nimmt und seinen eigenen Zustand optimiert. Dabei ist es dem Hund generell egal, ob der Kommunikationspartner (Sozialpartner) ein Mensch oder ein anderer Hund ist. Der Hund kann sich natürlich im Laufe des Zusammenlebens mit Menschen in gewissen Grenzen an diese anpassen und neue Kommunikationsformen lernen – aber wer als Mensch nur darauf setzt, hat die Probleme in der Verständigung mit seinem Hund bereits vorprogrammiert. Vernünftiger ist es, zunächst als Mensch zu lernen, wie Hunde miteinander »sprechen« und dieses Wissen dann im Umgang mit Hunden anzuwenden.

Bellen, ein akustisches Signal, das der Hund häufiger als sein Vorfahr einsetzt.

Die Hauptsozialpartner des Hundes: Der Mensch und sein Hund.

Aus diesem Grund wird nun auf Kommunikationsformen und die einzelnen Ausdruckselemente des Hundes und des Wolfes eingegangen.

Körpersprache und Mimik

Im Nahbereich (also im engeren sozialen Miteinander) kommuniziert der Wolf überwiegend über optische und taktile Signale. Akustische Signale setzt er hierbei ergänzend ein, um bestimmte Aussagen zu verdeutlichen.

Der Wolf nutzt seinen ganzen Körper, um optische Signale zu senden. Seine Ausdruckselemente sind die einzelnen Körperteile und die Körperhaltung als solche. Die Hauptkörpermerkmale des Gesichtes machen die Mimik aus. Dazu gehören die Augen, die Ohren, die Stirn, die Maulspalte (Lippen) und der Nasenrücken. Die Gestik des Wolfes ergibt sich aus seiner Körperhaltung, Körperbewegung sowie der Kopfhaltung und der Rutenstellung.

Wenn man bedenkt, dass der Wolf über ca. 60 verschiedene Mimiken verfügt, wird klar, wie fein er die einzelnen Ausdruckselemente differenzieren kann. Erst wenn man die Gesamtheit der einzelnen Elemente betrachtet, erhält man eine Aussage über den momentanen Gefühlszustand eines Wolfes oder seine Handlungsabsicht.

In bestimmten Bereichen kann der Mensch einen Hund nur schwer ersetzen.

Das Grundrepertoire an Ausdrucksverhalten von Wolf und Hund ist grundsätzlich ähnlich, jedoch kann der Wolf feiner differenzieren als der Hund. Die Unterschiede zwischen Hund und Wolf kommen dadurch zustande, dass der Mensch durch die Zucht der verschiedenen Rassen die ursprüngliche äußere Erscheinung des Wolfes zum Teil massiv verändert hat. So ist es zu einer Reduktion der Ausdrucksmöglichkeiten bei Hunden gekommen.

▸ **Unterschiede zwischen Wolf und Hund**
Wölfe sehen sich innerhalb der Art ähnlich. Es gibt leichte Variationen z. B. bei der Größe oder der Länge des Deckhaares, je nachdem auf welchem Kontinent und in welchem Klima sie leben. Aber grundsätzlich verfügen alle Wölfe aufgrund körperlicher Ähnlichkeit über dieselben Körpermerkmale. Daher drücken sie ihre Gefühlszustände auf eine Weise aus, die innerhalb der Art gleich ist und eigentlich von allen Artgenossen verstanden wird.

KÖRPERMERKMALE ▸ Hunde verfügen von Rasse zu Rasse durchaus über unterschiedliche Körpermerkmale. Es fehlen bei einigen Rassen bestimmte Körpermerkmale komplett, andere sind zwar vorhanden jedoch unterschiedlich ausgeprägt.

Dadurch können gleiche Gefühlszustände, wie z. B. Angst, in einer konkreten Situation auf völlig verschiedene Arten und Weisen gezeigt werden. Damit wird es Menschen und anderen Hunden erschwert, Hinweise über den aktuellen Gefühlszustand ihres Gegenübers zu erhalten. Wenn ein an »stehohrige« Hunde sozialisierter Hund auf einmal einen Cockerspaniel

Ähnliche Gefühle, gleiches Aussehen?

vor sich hat, wird er eventuell dessen Ausdruckssignale der Angst nicht als das erkennen, was es ist, weil der Cockerspaniel z. B. seine Ohren nicht so variationsreich stellen und legen kann wie ein Hund mit Stehohren.

RUTENHALTUNG ▶ Ein anderes Beispiel für Verständigungsprobleme aufgrund der Tatsache, dass bestimmte Signale nicht übermittelt werden können, wäre die Rutenhaltung. Einige Rassen verfügen über lange Ruten, andere über Ringelruten, bei wieder anderen wurden die Ruten zum Teil oder auch komplett durch den Menschen kupiert oder sind angeborenerweise nicht vorhanden.

DIFFERENZIERTE SIGNALWIRKUNG
▶ Diese geht bei manchen Rassen verloren, da einige Signale aufgrund bestimmter Körpermerkmale dauerhaft vorhanden sind. Dies trifft z. B. auf den Rhodesian Ridgeback zu, dessen Rückenhaarstellung wie ein permanent gesträubtes Nackenfell aussieht. Nackenfell und Rutenstellung jedoch sind wichtige Signale z. B. beim Drohen, aus welchem Gefühlszustand auch immer. Beim sicheren Drohen des Wolfes wird die Rute z. B. immer oberhalb der Rückenlinie getragen. Dies ist beim Hund aufgrund der anatomischen Merkmale häufig gar nicht mehr möglich, wie z. B. beim Dobermann mit kupierter Rute. Andere Rassen wiederum tragen ihre Rute auch in entspanntem Zustand oberhalb der Rückenlinie, z. B. der Labrador.

In der Tabelle auf Seite 56 sind die Hauptausdruckselemente von Wolf und Hund aufgeführt und deren Variationsmöglichkeiten, beziehungsweise Abweichungen bei einzelnen Rassen dargestellt.

Nicht nur ein Größenunterschied, sondern zum Teil auch unterschiedliche Ausdruckselemente.

Ausdruckselemente im Vergleich Wolf – Hund

Ausdrucks-element	Wolf	Hund	
Maulspalte	Aufhellung im Schnauzenbereich zur besseren Darstellung der Lippen	Aufhellung nur bei einigen Rassen z. B. Islandhund, Dobermann	
	Lippen gut beweglich und Lippenbewegung gut erkennbar	Bei schweren Lefzen kaum Lippenbewegung zu erkennen z. B. Mastiff	
Schnauze	Glatter Nasenrücken eindeutig erkennbar		Dauerhaft gekräuselter Nasenrücken z. B.. Bulldogge Kein Nasenrücken erkennbar z. B. Mops
	Kräuseln des Nasenrückens möglich		Ramsnase, daher kaum Mimik möglich z. B. Bullterrier
Augen	Augen und Augenbrauen klar erkennbar, Augenbrauen hervorgehoben durch Aufhellung	Augen durch langes Fell nicht erkennbar, Augenbrauen farblich nicht hervorgehoben, Augenform und Gesamtbild verändert durch Hängelider; z. B. Bluthund	
Stirn	Veränderungen von glatt bis faltenreich möglich		Dauerhafte Faltenbildung z. B. Bordeauxdogge Faltenbildung kaum möglich z. B. Bullterrier Nicht erkennbar bei langhaarigen Hunden z. B. Briard

KÖRPERSPRACHE UND MIMIK

Ausdrucks-element	Wolf	Hund
Ohren	Ohrbewegungen durch Drehungen in 3 Ebenen möglich	Nur Ohrwurzelbewegungen erkennbar bei mäßig langen Schlappohren z. B. Retriever Keine Bewegung erkennbar: – bei zu schweren Ohren z. B. Bloodhound – bei dichter Behaarung z. B. Bobtail – bei stark kupierten Ohren (in Deutschland ist das Kupieren seit 1986 verboten)
Kopf-haltung	Klar erkennbar, Kopf gut gegen Hals abgegrenzt	Schwer zu erkennen bei stark behaarten Hunden z. B. Briard
Körper-haltung	Klar erkennbar	Schwer zu erkennen bei stark behaarten Hunden
	Aufstellen des Nackenfelles	Aufstellen des Nackenfelles nicht oder schwer zu erkennen bei: – sehr kurzhaarigen Hunden z. B. Dalmatiner – langhaarigen Hunden z. B. Bobtail – dauerhaft aufgestelltes Nackenfell z. B. Rhodesian Ridgeback
Rute	10 unterschiedliche Stellungen möglich	Eingeschränkte Bewegungsmöglichkeit bei: – Ringelruten z. B. Spitze – kupierten Ruten (in Deutschland ist das Kupieren seit 1998 verboten)

Trotz unterschiedlichem Aussehen – hier klappt die Verständigung.

▸ Verstehen unterschiedlicher »Dialekte«

Aufgrund der Vielzahl unterschiedlicher Hunderassen sind die einzelnen Körpermerkmale je Rasse unterschiedlich ausgeprägt, und daher hat es ein Hund viel schwerer mit seinen Artgenossen zu kommunizieren als der Wolf. Für eine reibungslose Kommunikation ist beim Hund das Verstehen möglichst vieler »Dialekte« notwendig. Dieses muss ein Hund in seiner Sozialisationsphase lernen (siehe Sozialisation, S. 48).

Möchte man selber das Ausdrucksverhalten eines Hundes beurteilen, ist es sehr wichtig, dass man sich erst einmal einen Hund dieser Rasse in neutralem Zustand vorstellt. Betrachtet man die Rutenstellung, so trägt z. B. der Schäferhund in entspanntem Zustand seine Rute abfallend bis zum Sprunggelenk mit leichtem Aufwärtsbogen. Ist er erregt, imponiert oder droht er relativ sicher, trägt er die Rute über der Rückenlinie. Der Dalmatiner hingegen trägt seine Rute auch in entspanntem Zustand über der Rückenlinie.

▸ Sicheres/Unsicheres Verhalten

DER SICHERE HUND ▸ Allgemein kann man sagen, dass die Körpersignale um so mehr in Richtung des Gegenübers gerichtet werden, je sicherer ein Hund ist. Der sichere Hund blickt zumeist nach vorn (ohne zwangsläufig zu fixieren), er richtet die Ohren nach vorne, verkürzt die Maulspalte (z. B. beim sicheren Drohen), verlagert das Gewicht des Körpers auf die Schultern und hebt seine Rute.

DER UNSICHERE HUND ▸ Die einzelnen Ausdruckselemente weisen um so mehr vom Gegenüber weg, je unsicherer ein Hund ist. Die Augen des unsicheren Hundes flackern (sein Blick ist nicht auf einen Punkt gerichtet), er legt die Ohren an, zieht die Maulspalte lang, verlagert das Gewicht auf die Hinterhand und senkt die Rute.

Leider sind hier vielfältige Mischungen der einzelnen Ausdruckselemente möglich. Hunde zeigen sich nicht zwangsläufig entweder komplett sicher oder unsicher. Die einzelnen Elemente können in ihrem Ausdrucksgehalt abgestuft gezeigt werden (soweit es rasse-

KÖRPERSPRACHE UND MIMIK 59

typisch möglich ist) und es können auch Signale für Unsicherheit und zugleich für Sicherheit in einem Hund auftreten. Ein Hund kann sich z. B. groß machen (vielleicht um zu imponieren) und trotzdem die Ohren nach hinten legen, wenn er zusätzlich auch Unsicherheit verspürt.

Zusätzlich können Hunde auch lernen, trotz vorhandener Unsicherheit, Sicherheit anhand ihrer Körperhaltung vorzutäuschen. Wenn ein Hund die Erfahrung macht, dass das Zeigen von bestimmten Signalen, wie z. B. dem hochaufgerichteten Körper, einen Gegner auf Abstand hält, wird er dieses Ausdruckssignal auch zeigen, wenn er eventuell sehr verunsichert ist. Auch hier kann man jedoch als genauer Beobachter immer noch einige Signale der Unsicherheit erkennen, die parallel auch gezeigt werden.

Der Schäferhund zeigt bei der Begrüßung Unsicherheitssignale.

Betrachtet man das mittlere Bild, sieht man einen Schäferhund mit neutraler Mimik.
Betrachtet man vom neutralen Schäferhund aus, so sieht man,
- dass der Schäferhund nach oben hin immer sicherer droht,
- dass der Schäferhund nach unten hin immer unsicherer droht.

Betrachtet man die Bilder von rechts nach links, so nimmt die Intensität des gezeigten Aggressionsverhalten des Hundes zu.

KÖRPERSPRACHE UND MIMIK | 61

Die Zeichnungen zeigen die Mimik und Körpersprache beim Schäferhund.
Oben: entspannter Schäferhund
Mitte links: aufmerksam, angespannt
Unten links: sicheres Drohen
Mitte rechts: passive Demut
Unten rechts: verstärkte passive Demut

Hundesprache verstehen

63	▶	Soziale Annäherung	68	▶ Offensives und defensives Verhalten
64	▶	Aktive Unterwerfung		
65	▶	Imponierverhalten	68	▶ Spielverhalten

Soziale Annäherung

Zu ihr gehören alle Verhaltensweisen, bei denen der Hund den Abstand zu seinem Gegenüber verringert. Das Spielverhalten, in dessen Verlauf es auch zu einer Annäherung der Tiere kommt, wird später gesondert aufgeführt.

Zur sozialen Annäherung gehören alle zufälligen Begegnungen zwischen Hunden, in deren Verlauf es zu Schnauzenkontakten, Geruchskontrolle oder freundlichem Umeinanderlaufen kommen kann. Treffen zwei Hunde aufeinander, werden hierbei zunächst Informationen »zur eigenen Person« ausgetauscht: man sendet Informationen über sich selber und erhält Informationen von der Gegenseite. Des Weiteren demonstrieren beide, schon recht bald nach dem ersten Kontakt, in welcher sozialen Position sie sich jeweils sehen. Im Allgemeinen kann man sagen, dass der Hund, der die Kontaktaufnahme bestimmt und damit zunächst die Situation kontrolliert, sich in einer stärkeren Position sieht. Lässt der andere Hund diese Kontaktaufnahme zu, so akzeptiert er zumindest zunächst diese Position seines Gegenübers. Bei zufälligen Begegnungen werden zumeist keine festen Rangordnungen gebildet.

Solche Begegnungen können damit enden, dass beide Hunde nach dem Beschnuppern wieder ihrer Wege gehen oder aber überwechseln in eine andere Verhaltenskategorie z. B. dem Spiel- oder auch dem Drohverhalten.

▶ Wichtig

Das Ausdrucksverhalten des Hundes lässt sich in verschiedene Kategorien einteilen:
▶ soziale Annäherung
▶ Imponieren
▶ agonistisches Verhalten
▶ Spielverhalten

Die einzelnen Kategorien sind anhand bestimmter optischer Signale und Signalsequenzen zu erkennen und im Folgenden aufgeführt.

Eine zufällige Begegnung kann dazu führen, dass man sich lieber aus dem Weg geht.

▶ Soziale Annäherung innerhalb fester sozialer Gruppen

Besonders befreundete oder zusammenlebende Tiere zeigen häufig gegenseitiges Fellpflegeverhalten (Allogrooming) oder auch Kontaktliegen. Beim Allogrooming kommt es zum gegenseitigen Belecken und Beknabbern unterschiedlicher Körperteile, z. B. der Ohren oder Augen. Des Weiteren kommt es unter befreundeten Tieren vielfach zu Schnauzenkontakten. Es werden freundliche »Fechtkämpfe« mit den Schnauzen ausgeführt und es wird häufig Schnauzenlecken und Schnauzenstoßen gezeigt. Diese Verhaltensweisen fördern und bestätigen die Bindung der Tiere untereinander.

Die momentan herrschende Hierarchie zwischen den beteiligten Tieren wird hierbei immer wieder demonstriert und gefestigt.

Entscheidend ist dabei, wer wann wen an welchen Stellen berührt und beknabbert. Die Rangordnung innerhalb einer Hundegruppe oder eines Wolfsrudels bildet und festigt sich üblicherweise anhand vieler Sozialkontakte in entspannten Situationen und nicht zwangsläufig anhand von möglichen Auseinandersetzungen in Konfliktsituationen. Dieses gilt auch für Rangordnungen im Zusammenleben zwischen Mensch und Hund und wird auf Seite 93 noch einmal ausführlich beschrieben.

Aktive Unterwerfung

Im Rahmen der Begrüßung freundlich gesonnener oder bekannter Tiere zeigt häufig das rangniedere Tier Gesten der aktiven Unterwerfung gegenüber dem ranghöheren Tier/Menschen.

Bei dieser Art der Begrüßung werden ebenfalls die bestehende Bindung und die Rangordnung bestätigt und gefestigt. Eine Geste der aktiven Unterwerfung ist z. B. das Maulwinkellecken. Es hat sich aus dem Maulwinkelstoßen der Welpen gegen den Kopf- und Schnauzenbereich der Elterntiere beim Futterbetteln entwickelt. Auch erwachsene Hunde zeigen dieses Verhalten (Stoßen mit der Schnauze gegen den Schnauzenbereich des Gegenübers) häufig gegenüber ranghöheren Sozialpartnern.

Aktive Unterwerfung

Ausdruckselement	Stellung
Maulspalte	zurückziehen der Lippen (engl.: submissive grin)
Schnauze	Maulwinkellecken, Maulwinkelstoßen, beim Mensch wird ersatzweise häufig auch die Hand als Ziel des Stoßens oder Leckens genommen
Augen	schlitzförmig durch glatt ziehen der Stirnhaut
Stirn	glatt gezogen
Ohren	seitlich gedreht, können leicht nach hinten zeigen
Kopfhaltung	flach, in Verlängerung der Rückenlinie
Körperhaltung	geduckt
Rute	gesenktes Wedeln oder eingezogene Rute

Die aktive Unterwerfung kann auch als Reaktion auf Droh- oder Imponierverhalten gezeigt werden, um einen Konflikt zu entschärfen.

Imponierverhalten

Hunde, insbesondere Rüden, zeigen ab der Pubertät gegenüber den ihnen begegnenden Hunden häufig Imponierverhalten. Es wird sowohl Rüden als auch Hündinnen gegenüber gezeigt. Die imponierenden Tiere begegnen sich hoch aufgerichtet und steifbeinig; sie wollen hierdurch ihre Stärke demonstrieren und ihr Gegenüber beeindrucken. Rüden zeigen Hündinnen gegenüber Imponierverhalten, um attraktiv zu erscheinen.

Läufigen Hündinnen gegenüber wird stärker imponiert, da während dieser Zeit die Wahl eines »starken« Partners besonders wichtig ist. Nur während dieser Zeitspanne kann es zur Verpaarung kommen und im Sinne der Fitnessoptimierung werden dann »starke« Partner durchaus bevorzugt.

Der Junghund macht sich klein und zeigt Maulwinkelstoßen. Er begegnet dem imponierenden Älteren mit aktiver Unterwerfung.

▶ Imponierverhalten

Ausdruckselement	Stellung
Maulspalte	Lippen gerade nach hinten gezogen
Schnauze	glatter Nasenrücken
Augen	vom Artgenossen abgewandt
Stirn	glatt, ohne Falten
Ohren	Ohrwurzel wird nach vorn gedreht und gegen den Scheitelpunkt des Schädels hin zusammengezogen, so dass bei Stehohren die Ohröffnung nur schmal nach vorne zeigt. Schlappohren werden seitlich am Kopf hochgezogen (wie ein Satteldach beim Haus)
Kopfhaltung	aufgerichtet
Körperhaltung	so groß wie möglich aufgerichtet, alle Gelenke werden gestreckt, dadurch entsteht ein steifer Gang; Nackenfell kann zusätzlich aufgerichtet werden
Rute	angehoben bis oder über Rückenlinie, bei Erregung entsteht ein schnelles, steifes Wedeln, häufig auch unterstrichen mit leisem Fiepen

▶ Imponierverhalten zwischen gleichgeschlechtlichen Tieren

Bei gleichgeschlechtlichen Tieren soll durch das Imponierverhalten ein Konflikt mit direktem Körperkontakt und somit das Risiko einer Verletzung vermieden werden. Der imponierende Hund versucht, seine ganze Kraft und Größe zur Schau zu stellen, so dass sein Gegenüber von einer körperlichen Auseinandersetzung absieht.

Innerhalb einer etablierten Gruppe imponieren daher überwiegend Hunde mit geringem Rangunterschied gegenseitig. Bei Tieren mit großem Rangunterschied sind die Positionen und die Kräfteverhältnisse geklärt und Konflikte treten insgesamt mit geringerer Wahrscheinlichkeit auf.

Außerhalb einer etablierten Gruppe zeigen viele Hunde nur gegenüber gleich großen/gleich alten oder größeren/älteren Tieren Imponierverhalten. Viele sind sich ihrer Überlegenheit gegenüber kleineren/jüngeren Tieren bewusst und lassen sich daher, auch wenn diese imponieren, nicht von ihnen provozieren. Ein Abwenden des Überlegenen in solch einer Interaktion hat in diesem Fall nichts mit »Schwäche zeigen« zu tun.

Erfüllen die Imponiergesten nicht ihren Zweck, kann der Hund sein Verhalten auch in Richtung Droh- oder Angriffsverhalten ändern. Dies wird weiter hinten unter »Drohverhalten« (siehe S. 72) beschrieben.

▶ Markieren

Um die optischen Signale zu verstärken, kann es zum Absetzen von Duftmarken und Imponierscharren kommen. Die Tiere setzen unter Umständen mehrmals kleinere Mengen Urin oder sogar Kot ab. Nach dem Urin- oder Kotabsatz scharrt das Tier mit den

IMPONIERVERHALTEN

Der mittlere Hund zeigt seine ganze Pracht und Stärke. Er imponiert. Sein Gegenüber reagiert darauf mit direktem Blickkontakt. Er droht.

Hinterbeinen kräftig nach hinten. Auf diese Weise werden geruchliche (durch Schweißdrüsen zwischen den Zehen) und optische Signale (das Scharren an sich, aber auch die Scharrspur) gesetzt. Die Tiere können auch so genanntes Imponierschieben zeigen. Hierbei drängt der imponierende Hund sein Hinterteil gegen die Vorderbrust des anderen oder schiebt ihn seitlich weg.

▶ **T-Sequenz**
Im Laufe solcher Interaktionen kann es auch zur Ausbildung einer so genannten »T-Sequenz« kommen. Hierbei stehen die Hunde so zueinander, dass sie den Buchstaben »T« darstellen. Der Querbalken des T's wird dabei von dem Tier gebildet, welches sich dem anderen in den Weg gestellt hat. Einschränkungen der Bewegungsfreiheit eines Tieres werden meist vom Ranghöheren (bzw. dem, der das von sich meint) vorgenommen. Das würde bei dem Beispiel der T-Sequenz bedeuten, dass derjenige, der den Querbalken bildet, momentan eine höhere Position einnimmt. Diese hat er aber nur so lange, wie der andere Hund dies auch zulässt. Auch hier ist im Verlauf der Interaktion

ein Wechsel der Positionen möglich.
Weitere mögliche Imponiergesten von Hunde wären z. B. das »Pfoteauflegen« (der Hund legt seine Pfote oder Kopf auf die Schulter oder den Rücken des Gegenübers), oder das »Imponiertragen« (dabei werden vor dem Gegenüber Gegenstände demonstrativ herumgetragen, diesem aber nicht gegeben).

Die Zeichnung macht deutlich: Beide Hunde imponieren. Der schwarze Hund bildet den Querbalken und nimmt momentan die höhere Position ein. Die weit zurück gelegten Ohren verraten, dass er sich seiner Sache nicht so sicher ist.

Offensives und defensives Verhalten

Der Begriff »Agonistisches Verhalten« kommt aus dem englischen Sprachgebrauch und wird auch in Deutschland mehr und mehr verwendet. Es ist eine Bezeichnung für alle Verhaltensweisen gegenüber Artgenossen, die das eigene Verhalten störend beeinflussen. Agonistisches Verhalten besteht aus offensiven und defensiven Elementen. Mit dem agonistischen Verhalten kann der Hund Störungen und Konflikte beseitigen und notwendige räumlich-zeitliche Distanzierungen aufrechterhalten.

BEISPIEL ▶ Stellen Sie sich einen Hund vor, der dasselbe Spielzeug haben möchte, mit dem sich ein anderer Hund zurzeit gerade beschäftigt. Es könnte sich die Situation ergeben, dass der erste Hund (der ohne Spielzeug) sich mit Drohverhalten vor den Hund mit dem Spielzeug stellt. Der bedrohte Hund fühlt sich gestört und belästigt, er sieht sein Besitztum in Gefahr und strebt nun nach einem möglichst großen Abstand zwischen sich und dem drohenden Hund, denn hierbei ist die Gefahr am geringsten, dass er sein Spielzeug abgeben muss. Dieses Ziel (großer Abstand) kann er erreichen, in-

Der braune Hund droht (deutlich unsicher). Dadurch möchte er den Schäferhund auf Abstand halten, dieser versteht ihn und geht.

> **Wichtig**
>
> Alle Elemente des Aggressionsverhaltens (Drohverhalten als aggressive Kommunikation und der direkte Angriff) gehören zum agonistischen Verhalten.

dem er sich selber zurückzieht (defensive Verhaltensweise) oder den anderen dazu bewegt sich zurückzuziehen (offensive Verhaltensweise). Der eigene Rückzug wäre dann Meideverhalten oder Fluchtverhalten, je nach Intensität des Rückzuges. Durch eigenes Drohverhalten oder Angriffsverhalten könnte er versuchen, den potenziellen Spielzeugräuber zum Rückzug zu bewegen.

▶ **Offensive Verhaltensweisen**
»Offensives Verhalten« steht für Angriffsverhalten. Hiermit sind alle Verhaltensweisen gemeint, die gehemmt oder ungehemmt auf eine minimale bis endgültige Beschädigung des Gegners abzielen. Dabei sind die Übergänge zwischen reinem Drohen und der offensiven Attacke fließend; es ist schwer zu definieren, ab wann ein gehemmter Angriff letztendlich kein reines Drohverhalten mehr darstellt. Offensive Verhaltensweisen können von Tieren gezeigt werden, die sich in oder bei einem bestimmten Verhalten gestört fühlen und mit Stress darauf reagieren, oder die sich in einer bestimmten Situation so bedrängt fühlen, dass sie mit einem Angriff reagieren.

Auch offensive Verhaltensweisen gehören zum Normalverhalten bei Hunden, denn es kann für jeden Hund überlebensnotwendig sein, in bestimmten Situationen zu beißen – zumindest wenn es darum geht, ernsthaft die eigene Haut zu verteidigen.

BEISPIELSITUATION BEI WÖLFEN ▶
Ein natürliches Verhalten einer Mutterwölfin bei Bedrohung durch andere Raubtiere ist die Verteidigung ihrer Welpen und von sich selbst, notfalls mit einem Angriff.

Eine bis heute wichtige Aufgabe von vielen Hunden ist es – zumindest aus der Sicht des Menschen – das Hab und Gut seiner Besitzer zu verteidigen. Aus Hundesicht verteidigt er dabei sich selbst, nämlich sein eigenes Territorium und seinen Sozialpartner. Dies sind zwei wichtige Dinge im Leben ei-

Von Menschen gewünschtes aggressives Verhalten. Viele Menschen brauchen den Hund, um sich vor anderen Menschen zu schützen.

nes Hundes, ohne die er nicht existieren kann. Bei sozialen Tieren ist allerdings auch in diesem Bereich eine fein differenzierte Kommunikation notwendig. Denn ein Hund, der sich bei jedem Konflikt sofort und uneingeschränkt in körperliche Auseinandersetzungen stürzt, unterliegt jedes Mal einer Verletzungsgefahr und gefährdet dadurch sowohl das eigene als auch das Überleben der Gemeinschaft.

AGGRESSION ▶ Vor dem eigentlichen Angriff gezeigtes Drohverhalten (siehe S. 72) im Rahmen der aggressiven Kommunikation bietet dem Gegenüber die Möglichkeit, sein eigenes Verhalten noch einmal zu überdenken und damit einer körperlichen Auseinandersetzung aus dem Wege zu gehen. Drohverhalten senkt also das Verletzungsrisiko zwischen Lebewesen! Drohverhalten ist aber keine Einbahnstraße im Sinne von »wer nicht sofort zügig beißt, ist immer der Verlierer«. Es besteht die Möglichkeit, dass nach einem Drohen tatsächlich auch ein Angriff erfolgt. Ändert der Gegner sein Verhalten, welches den Hund zum Drohen

Die Zeichnung macht deutlich: Der Schwarze droht durch Fixieren. Ohren und Rute verraten leichte Unsicherheit. Der Blonde antwortet mit Demutsgesten.

veranlasste, nicht, könnte es zu einer körperlichen Auseinandersetzung kommen. Aber es besteht in der Regel, zumindest bei Hunden, die sozial und kommunikativ kompetent sind, zu jeder Zeit solch eines Konfliktes die Möglichkeit der Beendigung, wenn einer der Kontrahenten sein Verhalten ändert. Dies könnte z. B. bedeuten, dass er submissive Gesten zeigt, sich zurückzieht oder flieht.

Üblicherweise werden von Lebewesen dann Verhaltensänderungen vorgenommen, wenn das ursprünglich gezeigte Verhalten nicht den gewünschten Erfolg bringt – dies ist auch beim Hund nicht anders.

ROLLENWECHSEL ▶ Im Verlauf einer aggressiven Auseinandersetzung ist es daher möglich, dass Angreifer und Angegriffener unterschiedlich offensive und defensive Verhaltensweisen zeigen. Man kann auch sagen, dass die Rollen zwischen Angreifer und Angegriffenem wechseln. Der Initiator einer Auseinandersetzung kann z. B. seinem Gegenüber plötzlich Demutsgesten zeigen, wenn er merkt, dass sein Gegner ihm körperlich überlegen ist.

Wichtige Ressourcen

Die Ursachen offensiven Verhaltens können sehr vielseitig sein und von unterschiedlichen Faktoren beeinflusst werden. Häufig wird es in Konkurrenzsituationen um lebensnotwendige Dinge des Lebens (Ressourcen) gezeigt. Für den Hund wichtige Ressourcen sind:
Nahrung, Territorium, Sozialpartner, Fortpflanzungspartner, Rangposition und letztendlich auch die eigene körperliche Unversehrtheit.

OFFENSIVES UND DEFENSIVES VERHALTEN

Ein drohender Blick, wer ihn wahrnimmt kann so manchen Konflikt aus dem Weg gehen. Der Schwarze hat es verstanden.

KONFLIKTSITUATIONEN ▶ Es gibt verschiedene Faktoren, die auf die Entwicklung und den Ablauf einer aggressiven bzw. agonistischen Interaktion Einfluss nehmen. Einige Faktoren betreffen das Tier selbst: z. B. sein Alter, sein Geschlecht, sein hormoneller Status oder sein momentaner Gesundheitszustand. Natürlich hat auch die genetische Veranlagung einen Einfluss. Dies allerdings bei weitem nicht in dem Ausmaß, wie uns manche Befürworter von Rassenlisten in den so genannten »Kampfhundeverordnungen« glauben machen wollen.

Eine wichtige Rolle im Hinblick auf Entwicklung und Ablauf aggressiver Interaktionen spielt die individuelle Entwicklung der Hunde, z. B. ihre Sozialisation sowie Lernerfahrungen, die sie aus früheren ähnlich verlaufenen Situationen gewonnen haben. Aber auch die jeweilige Situation nimmt Einfluss: z. B. durch das Vorhandensein von Fluchtwegen, und schließlich spielt auch die Beziehung der Gegner zueinander, z. B. ihre Bindung oder ihre Rangverhältnisse bei der Entstehung und Entwicklung von Konfliktsituationen eine entscheidende Rolle.

Im Spiel werden Teile des gesamten Ausdrucksrepertoires gezeigt: Angreifen, Drohen, Schnauzengriff.

Der fixierende Hund (rechts) zeigt trotz Drohung Unsicherheiten durch Ohrstellung und Maulspalte. Der Terrier nimmt die Drohung wahr (Schnauzenlecken) und beginnt zu meiden.

▶ **Defensive Verhaltensweisen**
Sich defensiv zu verhalten bedeutet, sich zu verteidigen oder eine Gefahr abzuwehren. In der Ethologie gehört hierzu zum einen das Beißen aus der Defensiven, ebenso wie alle Verhaltensweisen, die anderweitig nützlich sind, um Schaden für einen selber abzuwenden: z. B. Fluchtverhalten oder Meideverhalten sowie entsprechende Gesten der Unterwerfung.

Defensive Verhaltensweisen werden in der Regel nur als Reaktionen auf eine situative Bedrohung gezeigt, während offensives Verhalten auch in Situationen gezeigt werden kann, wo keine, oder zunächst nicht unbedingt für einen Beobachter sofort erkennbar, direkte Bedrohung vorhanden sein muss. Allerdings ist es gerade im Bereich des Konfliktes um Ressourcen nicht immer einfach erkennbar, ob ein beobachtetes Zubeißen nun aus der Defensiven oder Offensiven erfolgte.

Einzelne Elemente des agonistischen Verhaltens

▶ **Drohverhalten**
Drohverhalten findet häufig im Rahmen von Rangordnungsstreitigkeiten oder Rivalitäten um andere Ressourcen statt. Die meisten Unstimmigkeiten zwischen Hunden können auf der Ebene des Zeigens von Droh- und Submissionsverhalten geklärt werden. Der Ausgang solch eines Konfliktes ist dabei immer abhängig vom Verhalten beider Kontrahenten. Insgesamt, im Verhältnis zur Häufigkeit von Konflikten unter Hunden generell und der Intensität des gezeigten Drohverhaltens, erfolgt der Übergang zum Angriff aber eher selten.

Das Drohverhalten über optische Signale kann durch akustische Signale, z. B. Knurren und/oder Bellen, unterstützt werden.

Je sicherer ein Hund droht, desto weniger offensichtlich sind seine Drohsignale meist für den Menschen. Hier-

OFFENSIVES UND DEFENSIVES VERHALTEN

Sicheres Drohen

Ausdruckselement	Stellung
Maulspalte	rund und kurz beim sicheren Drohen; die Maulspalte wird länger und spitzer je unsicherer ein Hund sich während des Drohens fühlt
Schnauze	dezentes Heben der Lefzen, dabei können die vorderen Zähne sichtbar werden; je unsicherer ein Hund ist, desto mehr Zähne werden gezeigt der Nasenrücken wird gekräuselt
Augen	auf das Gegenüber gerichtet (fixieren)
Stirn	mehr oder weniger in Falten gelegt
Ohren	auf das Gegenüber gerichtet
Kopfhaltung	erhoben
Körperhaltung	angespannt und aufgerichtet, das Nackenfell kann zusätzlich aufgerichtet werden
Rute	hoch und angespannt über der Rückenlinie

bei werden wenig bis keine akustischen Signale eingesetzt. Ein gut sozialisierter Hund nimmt diese Warnungen allerdings deutlich beim Gegenüber wahr. Auch die Zähne werden, wenn überhaupt, beim sicheren Drohen nur wenig gebleckt. Da der Mensch, von seiner Sprache her, eher gewohnt ist, auf akustische Signale zu achten, übersieht er diese Signale häufig.

Daher ist es wichtig sich zu merken, dass die früheste Stufe des Drohens das Fixieren ist. Dabei ist der Hund meist angespannt und schaut sein Gegenüber starr an. Bringt dieses Verhalten nicht den gewünschten Erfolg, ist es möglich, dass der Hund sein Drohverhalten steigert bis hin zum Schnappen. Vom Menschen wird es meist als Schnappen ohne Vorwarnung empfunden, wenn er diese feinen Signale nicht wahrnimmt. Gerade kleine Kinder sind nie in der Lage diese dezenten Signale zu sehen, geschweige zu verstehen.

Der schwarze Junghund ist dem Gelben, trotz Zeigen von aktiver Demut, zu aufdringlich, er zeigt dezentes, sicheres Drohen
Rechts: Dem Gelben hat sein Drohen (momentan) nichts genützt, der Junghund zeigt noch deutlicher aktive Demut.

Abwehrdrohen

Ausdruckselement	Stellung
Maulspalte	lang und spitz
Schnauze	stark gekräuselter Nasenrücken durch Hochziehen der Lefzen, dabei werden sämtliche Zähne gezeigt, zum Teil Aufreißen des Maules (volles Zähneblecken)
Augen	Blickkontakt wird vermieden
Stirn	glatt, ohne Falten
Ohren	weit zurück gelegt, zum Teil berühren sie sich hinter dem Kopf
Kopfhaltung	weit zurück; der Kopf wird zwischen die Schulterblätter gezogen
Körperhaltung	zusammengekauert
Rute	gesenkt bis unter den Körper

ABWEHRDROHEN ▶ Hunde zeigen Abwehrdrohen als Reaktion auf Drohverhalten oder eventuell schon Imponierverhalten des Gegenübers. Häufig wird es gezeigt, wenn ein Rückzug oder Meideverhalten nicht oder nicht mehr möglich ist.

Zur Verstärkung der optischen Signale können auch hier zusätzlich akustische Signale wie Bellen, Knurren, Knurrbellen gezeigt werden. Manchmal kommt es auch zum Luftschnappen. Der Abwehrende orientiert sich dabei zwar in Richtung des Gegners, stoppt seine Bewegung jedoch deutlich vor diesem ab und schnappt in die Luft.

Das Abwehrdrohen kann bei Nichtbeachtung durch den Gegner auch in Abwehrschnappen übergehen. Genauso ist ein Wechsel zum Angriff möglich.

▶ Angriff

Es wird unterschieden zwischen:
▶ gehemmtem Angriff
▶ ungehemmtem Angriff

GEHEMMTER ANGRIFF ▶ Beim gehemmten Angriff werden die Waffen des Hundes, die Zähne, nicht oder zumindest stark kontrolliert eingesetzt. In der Regel kommt es hierbei nicht zur Verletzung der gegnerischen Haut. Beim gehemmten Angriff kann es zum Vorspringen des Hundes und Stoßen mit geschlossener Schnauze kommen. Auch Anrempeln oder Niederdrücken des Gegners durch das eigene Körpergewicht wird im Rahmen eines gehemmten Angriffes gezeigt.

Der geöffnete Fang des angreifenden Hundes wird zum Teil auch beim gehemmten Angriff eingesetzt, jedoch beißt der Hund hierbei nicht zu, sondern umfasst z. B. nur den Fang des Gegners oder er drückt ihn mit geöffnetem Fang runter.

UNGEHEMMTER (FREIER) ANGRIFF
▶ Beim ungehemmten Angriff setzt der Angreifer seine Zähne ein. Dies heißt aber nicht, dass es zwangsläufig zu ernsten Verletzungen oder zum Tod

OFFENSIVES UND DEFENSIVES VERHALTEN

Abwehrdrohen kann auch beim Spielen gezeigt werden. Der Schäferhund fühlt sich bedrängt und zeigt eine spitze Maulspalte und viele Zähne. Die Dogge spielt vorsichtiger, der Schäferhund fühlt sich nicht mehr bedrängt.

> **Ernstkampf**
>
> Ziel eines Ernstkampfes ist es in der Regel, einen Kontrahenten dauerhaft aus dem Weg zu räumen und nicht die Rangverhältnisse zweier Tiere festzulegen. Dafür gibt es (eigentlich) nur zwei Möglichkeiten: Der Gegner flieht und kehrt nicht mehr zurück oder er wird getötet. Ist eine Flucht aufgrund räumlicher Gegebenheiten (Gehege, Hunde im gemeinsamen Haushalt) nicht möglich, kommt leider nur die zweite Möglichkeit in Betracht. Befinden sich zwei Tiere in einer Ernstkampfsituation führt das reine Zeigen von Submissionsgesten durch ein Tier nicht zu einer Beendigung des Kampfes.

des Gegners kommt. Im Verlauf eines Kampfes ist es möglich, dass der Überlegene seinen Griff lockert oder sogar den Gegner loslässt. Allerdings ist es möglich, dass er danach noch eine Weile über oder neben dem Unterlegenen stehen bleibt und erwartet, dass dieser sich nicht bewegt. Denkbar wäre auch, dass er sich ein Stück vom Unterlegenen entfernt, er aber erwartet, dass dieser noch in Demutshaltung verharrt. Verhält sich der Unterlegene nicht entsprechend, ist ein erneuter Angriff nicht ungewöhnlich.

Während eines ungehemmten Angriffes kann es zum Beißen, zum Beißen und Festhalten oder Festhalten und Schütteln des Gegners kommen.

▶ **Beschwichtigungsverhalten**

Ein Hund zeigt Beschwichtigungsverhalten, um das aggressive Verhalten seines Gegenübers zu besänftigen und umzulenken. Beschwichtigungsverhalten wird auch bei Hunden gezeigt, die sich allein durch die Anwesenheit eines anderen Hundes bedroht fühlen, ohne dass dieser tatsächlich droht. Das Gegenüber soll über das Beschwichtigungsverhalten zu einem Verhalten animiert werden, welches nicht mit seinem vorherigen, z. B. aggressiven Verhalten, vereinbar ist. Daher beinhalten Beschwichtigungsgesten viele Elemente des Spielverhaltens, wie z. B. auffordernde Spielbewegungen

Die Zeichnung macht deutlich: Trotz Festhalten des Gegners, deutliche Unsicherheit (Ohrstellung, spitzer Maulwinkel).

OFFENSIVES UND DEFENSIVES VERHALTEN

Pfoteheben als Beschwichtigung, Nackenfell zeigt Unsicherheit. Die Beschwichtigung hat Erfolg, ein für beide Seiten entspanntes Spiel folgt.

Die Zeichnung macht deutlich: Ein Konflikt ist entfacht, der Untenliegende ist jedoch (noch) nicht der Unterwürfige. Beide Hündinnen zeigen anhand der Maulspalte Unsicherheit.

(Hin- und Herhüpfen, im Kreis laufen, plötzliches Losrennen sowie Vorderkörpertiefstellung, etc.).

Weitere Beschwichtigungsgesten sind das Maulwinkellecken oder Maulwinkelstoßen (siehe auch aktive Unterwerfung, S. 64). Manche Hunde zeigen auch das so genannte Pföteln: dabei hebt der Hund zur Beschwichtigung des Gegenübers eine Vorderpfote in dessen Richtung.

▸ **Passive Demut**

Die passive Demut kann als Reaktion auf Droh- oder Imponierverhalten sowie auf einen Angriff hin gezeigt werden.

Ein Tier, welches passive Demut zeigt, berührt sein Gegenüber nicht. Trotz des Begriffes »passive Demut« ist das Zeigen von solchen Demutsgesten an sich ein aktiver Vorgang!

Dies bedeutet auch, dass der sich Unterwerfende die Demutsgesten von sich aus zeigt. Er wurde z. B. nicht vom Überlegenen auf den Rücken geworfen, sondern hat sich nach eigener Einschätzung der Situation selber hingelegt. Was bei der Ohrhaltung im Zustand der Demut eigentlich noch klar ist (jeder versteht, dass der Unterlegene seine Ohren selber anlegt), hat gerade beim Verhaltenselement »auf dem Rücken liegen« für viele Fehlinterpretationen durch Menschen gesorgt. Darauf wird im Kapitel »Mensch und Hund im Gespräch« (siehe S. 83) noch näher eingegangen.

Im Rahmen einer Auseinandersetzung zwischen Hunden, kann es allerdings auch passieren, dass ein Hund unten liegt und der andere darüber – doch der Untere muss nicht gleichzeitig derjenige sein, der sich unterwerfen will (dies passiert z. B. häufig bei Konfliktpartnern aus unterschiedlich großen Rassen). Der unten liegende Partner kann aus seiner Position immer noch drohen (z. B. Knurren) oder einfach nur nicht still liegen. Damit geht

HUNDESPRACHE VERSTEHEN

> **Passive Demut**
>
> | Ausdruckselement | Stellung |
> |---|---|
> | Maulspalte | zurückziehen der Lippen (lange Maulspalte) |
> | Schnauze | glatter Nasenrücken |
> | Augen | schlitzförmig durch glatt ziehen der Stirnhaut, Blick abgewandt |
> | Stirn | glatt gezogen |
> | Ohren | je nach Intensität leicht zurückgedreht bis flach hinten am Kopf anliegend, zum Teil bis sich die Ohrspitzen berühren |
> | Kopfhaltung | abgewandt, gesenkt |
> | Körperhaltung | von gesenkt oder geduckt bis hin zum Hinsetzen oder auch Auf-den-Rücken-drehen |
> | Rute | gesenkte bis hin zur eingezogenen Rute |

die Auseinandersetzung weiter und der oben stehende oder liegende Partner darf nach unten reagieren (z. B. Beißen), ohne dass er »verhaltensgestört« ist. Für den oben liegenden Partner ist die Auseinandersetzung erst beendet, wenn der unten liegende Hund Demutsgesten zeigt.

Zusätzlich zu den optischen Signalen kann bei der passiven Demut auch Harn abgesetzt werden. Dies wird besonders oft bei jungen Tieren beobachtet. Zur Verstärkung kann weiterhin auch Winseln auftreten.

Die Intensität der Demutsgesten, die der Unterlegene bzw. Beschwichtigende zeigt, ist abhängig vom Sender der Drohsignale. Für einen Hund ist es ausreichend, dass der Unterlegene einfach nur den Kopf oder den Blick abwendet; ein anderer Hund erwartet, unter Umständen ein deutliches Abwenden oder sich Kleinmachen.

Unterwerfungsgesten haben den Sinn, eine mögliche Aggression des Gegenübers zu hemmen. Erfüllen die Unterwerfungsgesten nicht ihren Zweck, kann der Hund versuchen zu fliehen oder auch Droh- oder Angriffsverhalten zeigen; die schon früher erwähnten »4 F's« gelten auch hier.

Spielverhalten

Gesellige Tiere wie Hunde spielen gern und viel. Im Spiel wird die Beziehung der Tiere zueinander sowie ihr gegenseitiges Vertrauen gefördert. Die Rang-

Die Zeichnung macht deutlich: Ein Junghund zeigt Demutsverhalten mit Hinlegen.

OFFENSIVES UND DEFENSIVES VERHALTEN

Ein Ballspiel mit mehreren Hunden muss nicht im Konflikt enden. Man sollte seine Spielgefährten dazu genau kennen, dann ist auch ein Ballwechsel möglich.

ordnung der Tiere wird über gemeinsames Spiel gefestigt. Denn ranghohe Tiere verfügen über Privilegien. Ein Privileg ist es, über den Zeitpunkt und das Ausmaß von Sozialkontakten zu bestimmen. Daher ist es bei erwachsenen Tieren häufig so, dass der Ranghöhere ein Spiel ermöglicht. Zum einen dadurch, dass er entweder das Spiel einleitet (Initiator des Spieles), oder dass er auf die Spielaufforderung des anderen eingeht (siehe auch unter »Rangordnung«, S. 93). Eine Untersuchung in diesem Bereich belegt, dass es Auswirkungen auf die Rangordnung hat, wer ein Spiel beginnt, aber nicht wer Gewinner ist (bei Spielen mit Objekten). Es wurde festgestellt, dass in der Regel der Initiator eines Spieles eine ranghöhere Position hatte, als der, der zum Spiel aufgefordert wurde. Beendet wurde das Spiel sowohl vom Ranghöheren als auch vom Rangniederen.

Allerdings ist zu bemerken, dass ranghohe Tiere seltener die Initiative zum Spiel ergreifen oder aber mit Partnern mit ebenfalls hohem Sozialstatus spielen. Fordern ranghohe Tiere deutlich im Rang unten stehende Tiere auf, sind diese z. T. so verunsichert, dass sie nicht auf die Spielaufforderung eingehen.

▶ Wichtig

Spielen fördert das Erlernen des Umganges mit Artgenossen oder anderen Sozialpartnern.
▶ Im Spiel werden wichtige Elemente der Kommunikation trainiert, z. B. Dominanz- und Demutsgesten, Aggressionsverhalten und Deeskalationsgesten sowie die Beißhemmung.
▶ Im Spiel werden auch körperliche Fähigkeiten erlangt und erhalten. Muskeln sowie Ausdauer werden trainiert. Jagdsequenzen werden eingeübt. Reaktionsschnelligkeit und Koordinationsfähigkeit werden verbessert, ebenso wie die Konzentrationsfähigkeit.

Ein stolzer Ballbesitzer bemerkt die interessierten Blicke des Gelben und bewacht seinen Ball.

Der Gelbe hatte sowieso etwas gaaanz anderes vor. Oder nicht? Schnuppern als Übersprungshandlung.

von 4–5 Wochen tritt erstmals bei den Welpen aggressives Verhalten auf. Dies hat erst einmal keine bestimmte Ursache, sondern wird allein durch den Anblick der Geschwister ausgelöst. Die Welpen machen nun ziemlich schnell die Erfahrung, dass, wenn sie jemanden beißen, ihnen selbst Schmerzen entstehen. Nämlich dadurch, dass der Gebissene nun wiederum seine Zähne in den Pelz des Angreifers gräbt. Setzt ein Welpe im Spiel seine Zähne zu

Hunde können alleine spielen oder mit Partner, dabei wird mit oder auch ohne weitere Objekte gespielt. Es gibt einige typische Körperstellungen des Spieles, ansonsten können Elemente aus dem gesamten Ausdrucksrepertoire zum Einsatz kommen. Jedoch werden einzelne Elemente stark akzentuiert oder Elemente aus unterschiedlichen Bereichen zu einer Sequenz zusammengefasst, so dass als Gesamteindruck das Spiel erkennbar ist.

▶ **Die Beißhemmung**
Sie ist eine erlernte und keine angeborene Fähigkeit. Die ersten Erfahrungen im Sozialkontakt machen die Welpen mit ihren Wurfgeschwistern. Im Alter

kräftig ein, macht er auch bei einem Spielpartner der aufquiekt und sich zurückzieht eine wichtige Erfahrung. Das Spiel endet immer dann, wenn sich seine Zähne mit einem gewissen Druck in den Pelz des anderen graben. Da er aber in der Regel gerne weiterspielt, wird er dafür sorgen, dass keine Unterbrechungen auftreten und daher vorsichtiger zubeißen. Aggressives Verhalten während des Spieles ermöglicht den Welpen das Erlernen des korrekt dosierten Einsatzes der Zähne. Es ist wichtig, dass der Welpe diese Erfahrungen mit möglichst vielen Sozialpartnern macht, da nicht alle gleich dick behaart sind und bei einigen schon relativ früh die Schmerzgrenze erreicht ist.

OFFENSIVES UND DEFENSIVES VERHALTEN 81

▶ **Übersprungshandlungen**
Sie werden häufig in Konfliktsituationen gezeigt. Sie helfen zwar nicht den Konflikt zu lösen, dienen aber dem eigenen Stressabbau. Sie sind daher kein bewusst eingesetztes Signal für das Gegenüber. Übersprungshandlungen sind allerdings, vielfach im Verlauf einer Kommunikation zwischen zwei Hunden zu beobachten.

Typische Übersprungshandlungen:
▶ Gähnen
▶ sich kratzen
▶ sich strecken
▶ intensiv an einer Stelle schnuppern oder kratzen

Ein Anzeichen von Stress kann das Hecheln oder verstärktes Hecheln sein. Man sollte stets die Umgebungstemperatur berücksichtigen, um zu beurteilen, ob ein Hund aus Stress hechelt oder weil ihm gerade warm ist. Hechelt ein Hund beim Weihnachtseinkauf in der Innenstadt, ist sicherlich nicht die Temperatur daran schuld.

▶ **Ranganmaßende Gesten**
Ranganmaßende Gesten werden unter Tieren gezeigt, die noch keine oder keine geklärte Rangbeziehung zueinander haben. Als ranganmaßende Geste gilt z. B. das Kopf- oder Pfoteauflegen auf die Schulter, den Rücken oder den Kopf des Gegenüber. Eine weitere ranganmaßende Geste ist das Aufreiten oder das Umfassen der gegnerischen Schnauze mit der eigenen. Beim Aufreiten umklammert ein Hund den anderen mit den Vorderpfoten wie beim Geschlechtsakt.

▶ **Rangzeigende Gesten**
Rangzeigende Gesten werden vom Ranghöheren gegenüber einem rangniederen Tier gezeigt. Hierbei demonstriert ein Tier seinen (bestehenden) Rang dem Gruppen- oder Rudelgenossen. Die Gesten sind die, die unter ranganmaßenden Gesten schon aufgeführt sind:
▶ Umfassen der Schnauze
▶ Kopfauflegen
▶ Aufreiten

Das Kopfauflegen als ranganmaßende Geste.

Mensch und Hund im Gespräch

83	▶	Auf dem Weg zum Verständnis	93	▶	»Rangordnung« – Hierarchie zwischen Hunden und Menschen
86	▶	Bedeutung von Sozialkontakten			

Auf dem Weg zum Verständnis

In den vorausgegangenen Kapiteln dieses Buches haben Sie etwas über Kommunikation an sich gelesen und erfahren, wie Hunde untereinander kommunizieren. In diesem Teil soll nun auf die Kommunikation zwischen Hunden und Menschen eingegangen werden.

Die Grundlagen der Kommunikation sind die gleichen, wie zwischen Hunden: Auch hier gibt es das System aus Sender, Empfänger und Signal, welches die Information trägt. Damit die Kommunikation im Sinne des Senders und des Empfängers erfolgreich ist, müssen sich beide vorher über den Informationsgehalt der benutzten Signale verständigen. Wenn das nicht passiert, kann es zu Missverständnissen kommen.

BEISPIEL AUS DEM ALLTAG ▶ Ein Mensch steht im Park und fuchtelt mit den Händen in der Luft. Für einen Hund kann dieses optische Signal ganz unterschiedliche Bedeutungen haben: »Hallo, hier bin ich, komm zu mir« oder auch »komme nicht näher, ich habe Angst vor dir«. Obwohl der Mensch ein deutliches Signal sendet, ist für den Hund nicht von vornherein klar, welche Information damit verbunden ist. Eine für beide Seiten effektive Kommunikation setzt aber voraus, dass beide Kommunikationspartner mit einem bestimmten Signal den gleichen Informationsgehalt verbinden.

Ob in einer bestimmten Situation die Kommunikation für eine oder beide Seiten effektiv ist, oder ob man »aneinander vorbeiredet«, spielt keine Rolle: Kommunikation findet auf jeden Fall statt, solange ein Empfänger irgendein Signal eines Senders aufnimmt. Solange ein Lebewesen lebt, zeigt es auch immer ein Verhalten gegenüber seiner Umwelt – auch »Schlafen« ist ein Verhalten und ebenso das Ignorieren von irgendwem oder irgendetwas – und wenn ein anderes Lebewesen dieses Verhalten empfängt und dadurch in seinem eigenen Verhalten beeinflusst wird, findet auch Kommunikation statt.

Wenn Mensch und Hund sich gut »verstehen«, fühlen sich beide wohl.

▶ Wo Probleme entstehen

Ein Ausgangspunkt für Probleme in der Kommunikation zwischen Mensch und Hund sind die unterschiedlichen Ansprüche und Zielsetzungen – dies wird von uns auch in der Verhaltenstherapie oft beobachtet: Häufig haben Verhaltensprobleme ihren Ursprung in Kommunikationsproblemen.

Wenn Menschen zielgerichtet und absichtsvoll mit Hunden kommunizieren, tun sie dies in der Mehrzahl aller Situationen, um den Hund zu erziehen, um irgendein Verhalten auf Signal zu trainieren oder Verhalten allgemein zu verändern. Die Komponente des sozialen Zusammenlebens wird dabei vom Menschen meist nicht direkt be-

Manchmal haben Mensch und Hund unterschiedliche Interessen – ein nettes Wort bringt Aufmerksamkeit.

SOZIALPARTNER ▶ Hunde sehen Menschen als Sozialpartner. Aus ihrem Verhalten uns gegenüber können wir eindeutig darauf schließen. Das bedeutet, dass der Hund mit uns kommuniziert, um das soziale Zusammenleben zu regeln. Es geht für den Hund dabei um Kooperation und Kompetition – wie in der Kommunikation unter Hunden auch. Hunde wollen wissen, welchen Platz sie in der Hierarchie einer Gruppe einnehmen, wer wann welche Rechte hat und welche Pflichten. Dazu gehört natürlich auch der angenehme gegenseitige Kontakt wie Schmusen oder Spielen.

Wenn Menschen mit Hunden kommunizieren, haben sie diesen direkten Aspekt des sozialen Zusammenlebens eher selten im Kopf. Menschen denken hier in anderen Maßstäben als Hunde und das kann Probleme schaffen.

dacht und auch nicht die Tatsache, dass Training immer eine Form von Sozialkontakt darstellt.

▶ Formen der Signalübertragung

Ein weiterer Ausgangspunkt für Probleme in der Kommunikation zwischen Mensch und Hund sind die unterschiedlichen Schwerpunkte bei der Form der Signalübertragung.

Wir Menschen kommunizieren – zumindest bewusst – überwiegend über die Sprache, senden dabei aber immer – meist unbewusst – Signale über unsere Körpersprache aus. Der Hund kommuniziert auch über Lautäußerungen, aber er »unterhält sich« hauptsächlich über Signale der Körpersprache. Diese unterschiedlichen Schwerpunkte bei der Signalübertragung können zu Kommunikationsproblemen zwischen Menschen und Hun-

AUF DEM WEG ZUM VERSTÄNDNIS

Obwohl dieser Hund freundlich angesprochen wird, reagiert er unsicher – die erhobene Hand über seinem Kopf stellt in »Hundesprache« eine Bedrohung dar. Wird die Hand unten gehalten, entspannt sich der Hund.

den führen. Ein Hund, der freundlich von einem sich über ihn beugenden Menschen angesprochen wird, kann sich dennoch fürchten, weil er »schwerpunktmäßig« auf die für ihn bedrohliche Körpersprache des Menschen reagiert. Der Mensch hat also unbewusst Signale ausgesendet, die beim Empfänger (Hund) eine ganz andere Reaktion auslösen, als vom Menschen erwartet.

Aber auch, wenn beide »Gesprächspartner« auf entsprechende Weise miteinander kommunizieren (Sprechen/Hören oder Zeigen/Sehen), kann es zu Missverständnissen kommen. Ein Mensch, der seinem Hund den Befehl SITZ gibt, wird von seinem Hund vielleicht gehört, aber ob der Hund weiß, was das zischende Geräusch aus Herrchens oder Frauchens Mund in diesem Moment bedeutet, hängt von vielen Faktoren ab.

Ein ängstlicher Hund sieht natürlich die sich ihm nähernde Hand, mit der ein Mensch ihn streicheln und beruhigen will, kann sich dadurch jedoch sehr bedroht fühlen und noch ängstlicher werden.

Auf die Probleme, die sich durch unterschiedliche Ansprüche von Hund und Mensch ergeben und die durch unbewusste Kommunikation und unklare Signale entstehen, wird im Folgenden immer wieder beispielhaft eingegangen. Es soll erklärt werden, warum Hunde bestimmte Verhaltensweisen zeigen und wie Menschen bestimmte, erwünschte oder nicht erwünschte Verhaltensweisen bewusst oder unbewusst fördern können.

Training ist eine Form von Sozialkontakt – und kann beiden Spaß machen.

Bei vielen Aktivitäten bilden Hund und Mensch ein Team.

Bedeutung von Sozialkontakten

Damit das Zusammenleben von Hunden und Menschen für beide Seiten möglichst angenehm und stressfrei verläuft, müssen den Ansprüchen beider Seiten Rechnung getragen werden. Menschen halten Hunde als Haustiere, weil sie ihnen in vielen Bereichen ein »Partner« sind und weil sie Eigenschaften haben, die für den Menschen nützlich sind. Hunde werden z. B. als Wach- oder Schutzhunde gehalten oder helfen dem Hirten beim Hüten seiner Herde. Manche Hunde »dienen« dem Menschen, indem sie ihm im alltäglichen Leben helfen (Blindenführhunde, Behindertenbegleithunde) oder Aufgaben übernehmen, die der Mensch so nicht leisten kann (z. B. Drogenspürhunde, Fährtenhunde, etc.). Hunde werden als Partner im Hundesport eingesetzt oder »nur« als Familienhund, Freund und Begleiter gehalten. In allen Fällen ist es jedoch absolut notwendig, dem Hund als sozialem Tier gerecht zu werden.

▶ Leben in der Gruppe

Hunde sind obligat sozial, das bedeutet, dass für Hunde sozialer Kontakt überlebenswichtig ist – ohne Kontakt zu einem Sozialpartner würde ein Hund früher oder später sterben. In einem Wolfsrudel kommt es regelmäßig zu Kontakten zwischen den einzelnen Tieren. Gegenseitiges Putzen, Berührungen am ganzen Körper (besonders im Bereich des Kopfes und der Schnauze), aber auch miteinander Spielen oder einfach nebeneinander Liegen sind wichtige Formen sozialer Kontakte. Dadurch wird die Bindung der Rudelmitglieder untereinander gestärkt und es entwickelt sich ein »Gemeinschaftsgefühl«, welches für das Zusammenleben der Gruppe (gemeinsame Jagd und Aufzucht von Nachwuchs, Teilen von Beute, Liegeplätzen, etc.) von großer Bedeutung ist. Sozialkontakte spielen auch bei dem Herausbilden und Bestätigen von Rangunterschieden zwischen den einzelnen Individuen eine große Rolle.

▶ Sozialpartner Mensch

In unserer heutigen Zeit leben Hunde häufiger mit Menschen als mit anderen Hunden zusammen und gehen bei entsprechender Sozialisation eine enge soziale Bindung zu ihnen ein. Der Mensch übernimmt dabei die Rolle des Sozialpartners und häufige Sozialkontakte zwischen Hund und Mensch sind für den Hund enorm wichtig.

Obwohl ein Mensch, der mit einem Hund zusammenlebt, ständig auch unbewusst mit dem Hund kommuniziert und Kontakt hat (beiläufiges Streicheln, Reden mit dem Hund), sollte sich ein Hundebesitzer auch regelmäßig »aktiv« mit seinem Hund beschäftigen.

Soziale Kontakte, die im »sozialen Miteinander« unter Wölfen oder Hunden eine große Rolle spielen, müssen auf die Hund-Mensch-Gemeinschaft übertragen werden. Dazu gehört z. B. das gegenseitige Putzen (»Allogrooming«) und andere Berührungen (siehe auch »soziale Annäherung«, S. 63). Ein Hundebesitzer kann durch regelmäßiges Bürsten seines Hundes und tägliche, intensive »Streicheleinheiten« seinen Anteil an dieser Form des sozialen Kontaktes leisten. Im Gegenzug dazu will auch der Hund dem Menschen gegenüber »Kontakt pflegen«. Er tut dies auf seine hundliche Weise – die manchmal dem Menschen unangenehm ist: Beispielsweise durch Lecken oder vorsichtiges Benagen des Sozialpartners Mensch. Hundebesitzer, die diese Verhaltensweisen (manchmal auf recht drastische Art) unterbinden, sind sich dabei oft nicht bewusst, dass sie ihrem Hund das Zeigen normaler und wichtiger sozialer Gesten verbieten. Um den Ansprüchen beider Seiten gerecht zu werden, ist es notwendig, sich über das »Warum« des Hundeverhaltens in diesem Zusammenhang Gedanken zu machen.

Lecken oder Benagen des Sozialpartners gehört zum normalen Hundeverhalten.

Sozialkontakte wie Bürsten fördern die Bindung zwischen den »Rudelmitgliedern« Mensch und Hund.

Je nach Temperament kann eine Begrüßung mehr oder weniger stürmisch ausfallen.
Unten: Aktive Demut bei der Begrüßung.

▶ Begrüßungsrituale

Die Begrüßung ist ein schönes Beispiel dafür, wie Hunde und Menschen »aneinander vorbeireden«. Stellen wir uns mal eine typische Begrüßungssituation vor: Ein Hundebesitzer kommt nach einem Theaterbesuch wieder nach Hause. Er wird von seinem Hund überschwenglich begrüßt und dabei auch angesprungen. Da er seine Kleidung vor Hundehaaren und anderen Beschädigungen schützen will, wehrt er den Hund ab. Der Hund könnte darauf mit noch heftigerem Anspringen reagieren – und wird nun energisch von seinem Besitzer durch Schimpfen zurechtgewiesen. Für beide Seiten ist die Begrüßung nun ein eher unerfreuliches Erlebnis gewesen. Auf S. 64 wurde bereits beschrieben, wie Hunde sich gegenseitig begrüßen. Das dazugehörige Ausdrucksverhalten, die »aktive Unterwerfung« (oder »aktive Demut«) wurde in diesem Zusammenhang ausführlich besprochen. In unserem Beispiel versucht der Hund eben diese Verhaltensweisen zu zeigen: Hoch-

springen, um an die Schnauze und den Maulwinkel zu gelangen, um dann diese Stellen zu belecken. Er will damit das zurückkehrende »Rudelmitglied« freundlich stimmen und signalisiert damit parallel, dass er dessen Überlegenheit anerkennt. Sein Besitzer reagiert nun aber eher unfreundlich, er lässt die Versuche seines Hundes, aktive Unterwerfung zu zeigen, nicht zu. Also wird der Hund noch deutlicher in seinem Verhalten und seinem Bemühen seine »Botschaft« zu übermitteln. Und auch Herrchen wird noch deutlicher. Ein Teufelskreis entsteht!

Sicherlich wäre es für beide Seiten sinnvoll, eine Möglichkeit zu finden, die allen Beteiligten gerecht wird. Beispielsweise könnte man dem Hund beibringen, dass das Lecken im Gesicht nicht erwünscht ist, ihm aber die Gelegenheit geben, an der Hand zu lecken. Auf diese Weise wird die Kleidung des Menschen geschont und der Hund kann die für ihn wichtigen Verhaltenselemente der »aktiven Unterwerfung« zeigen. Die Begrüßung wäre wieder eine Situation, die beiden Sozialpartnern gerecht wird!

▸ **Haben Hunde ein »schlechtes Gewissen«?**

Das Beispiel der Begrüßung eignet sich auch, um einen anderen »Knotenpunkt« in der Kommunikation zwischen Hunden und Menschen zu besprechen: nämlich die Frage, ob ein Hund ein schlechtes Gewissen hat oder nicht? Versetzen wir uns noch einmal in den Hund, der gegenüber seinem Besitzer aktive Unterwerfung zeigt und dafür weggeschubst oder ausgeschimpft wird. Der Besitzer reagiert also mit einem Verhalten, das der Hund als »gegen ihn gerichtete Maßnahme« empfindet. Es wurde schon früher besprochen, dass eine mögliche Reaktion, in diesem Fall die »passive Demut«, ein Komplex von Verhaltenselementen wäre, die gezeigt werden, um ein bedrohliches Gegenüber, zum Beispiel den unwirsch reagierenden Besitzer, zu besänftigenden und die (Konflikt)Situation zu entspannen (siehe auch »Passive Demut«, S. 77). Das Ausdrucksverhalten bei der »passiven Demut« ähnelt nun dem, was wir Menschen als »schlechtes Gewissen« bezeichnen. Aber der Hintergrund für das

Der Hund wird von seinem Besitzer ausgeschimpft und reagiert auf dessen Körpersprache mit »passiver Demut«.

Dinge, die zerkaut werden dürfen, sind wichtig.

Zeigen des entsprechenden Verhaltens ist ein ganz anderer! Der Hund hat kein schlechtes Gewissen, weil er seinen Besitzer verbotenerweise angesprungen hat, sondern reagiert nur auf dessen Verhalten.

ZERSTÖRUNG VON DINGEN ▶
Noch schwieriger wird die Situation, wenn der Hund bei Abwesenheit seines Besitzers in der Wohnung regelmäßig Dinge herumschleppt und anknabbert oder seine »Geschäfte« auf dem Teppich erledigt. Wenn sein Besitzer dann nach Hause kommt, ignoriert er vielleicht die Begrüßung seines Hundes und geht erst mal durch die Wohnung, um sich das Ausmaß der vermeintlichen Zerstörung anzuschauen. Wird er fündig, wird der Hund ausgeschimpft oder sogar körperlich gestraft. Der Hund lernt dabei, dass es Ärger gibt, wenn Herrchen nach Hause kommt und ein zerkauter Schuh im Eingang oder ein »Häufchen« hinter dem Sofa liegt. Einen direkten Zusammenhang zwischen diesen Dingen und seinem Verhalten (Zerkauen, auf den Teppich koten) erkennt der Hund aber nicht! Er zeigt beim nächsten Mal sofort Verhaltensweisen der passiven Demut, um seinen Besitzer zu besänftigen, indem er von vornherein deutlich seine Unterwerfung signalisiert. Der Besitzer interpretiert das Verhalten seines Hundes als »schlechtes Gewissen« und bestraft ihn – seinem Verständnis nach zu Recht. Für den Hund ist die Situation »zweifach ungerecht«. Erstens erfährt er von seinem Besitzer eine grobe Behandlung (eine wirkliche Strafe wäre es nur, wenn der Hund die Bestrafung auch tatsächlich mit seinem Verhalten verbinden könnte). Und zweitens reagiert der Besitzer auf die passive Demut seines Hundes nicht so, wie es unter Hunden üblich wäre: mit Anerkennung der Unterwerfung und der Beendigung der Situation, ohne dass dazu weitere aggressive Verhaltensweisen nötig wären.

Der Hund in unserem Beispiel hat kein »schlechtes Gewissen«, er weiß nicht, dass er etwas verkehrt gemacht hat, und das gilt auch für andere Situationen, in denen Menschen das manchmal von ihren Hunden glauben. Das Verhalten des Hundes, also das Zeigen von passiver Demut ist stets eine Reaktion auf das Verhalten des Besitzers. Es steht nicht in direkter Verbindung mit dem zerkauten Schuh, dem »Häufchen« hinter dem Sofa oder dem gemopsten Stück Kuchen, etc.

▶ **Spielverhalten**

Zu den wichtigen Sozialkontakten zwischen Hunden gehört auch das Spielen (siehe auch »Spielverhalten«, S.38). Hunde spielen auf unterschiedliche Weise: allein (mit irgendeinem Objekt) oder mit einem Partner. Bei den Partnerspielen unterscheidet man unter so genannten Kontaktspielen (Beiß- oder Kampfspiele) und Rennspielen. Dabei können alle Formen ineinander übergehen – auch der Übergang von Spiel zu Ernst ist jederzeit möglich.

LERNEN DER BEISSHEMMUNG ▶

Besonders bei ganz jungen Hunden sind Übergänge in ernsthafte Auseinandersetzungen häufig. Im Abschnitt über die »Entwicklung der Kommunikation in der Verhaltensentwicklung von Welpen« wurde schon einmal auf die Entwicklung einer Beißhemmung eingegangen (siehe S. 80). Wenn man seinen Welpen vom Züchter abholt, ist dieser Prozess noch nicht abgeschlossen. Ein Welpe, der seine Besitzer beißt, ist in den allerwenigsten Fällen »aggressiv« oder »gestört«. Beißen

gehört zum normalen Verhaltensrepertoire eines Hundes. Beißen bei einem Welpen ist meist ein Zeichen dafür, dass er noch keine ausreichende Beißhemmung gegenüber menschlicher Haut gelernt hat, bzw. diese noch verfeinern muss. Der neue Besitzer muss weiter mit seinem Hund daran arbeiten, die Beißhemmung auszubilden. Das funktioniert nicht, wenn man beim wilden Spielen mit seinem Welpen einen Pulloverärmel über die Hand zieht oder den ganzen Arm mit einer dicken Jacke schützt. Der Welpe wird so nur lernen, dass menschliche Haut bzw. was darüber liegt eine Menge Druck verträgt und nicht, seine Zähne vorsichtig einzusetzen.

Man provoziert den jungen Hund, etwas rauer zu spielen, mit der Schnau-

Der vorsichtige Umgang mit menschlicher Haut muss vom Welpen erst gelernt werden.

Gemeinsames Zerren an einem Spielzeug bringt Spaß ...

... wichtig ist ein gut gelerntes »Aus«-Kommando.

ze zu knabbern oder eventuell sogar schon minimal zu beißen. Dann sagt man jedes Mal laut AU, bricht demonstrativ das Spiel ab und ignoriert den Hund eine Weile. Auf diese Weise lernt der Hund, auch gegenüber dem Menschen seine Zähne vorsichtig zu gebrauchen.

SPIELARTEN ▶ Menschen und Hunde können auf vielfältige Weise miteinander spielen. Rennspiele (miteinander- bzw. nebeneinander herlaufen oder gegenseitiges Jagen) sind genauso möglich wie Stöckchen werfen oder Zerrspiele mit einem Tau. Auch Gegenstände verstecken und vom Hund suchen lassen, kann ein spannendes Spiel sein. Der Fantasie des Menschen sind dabei kaum Grenzen gesetzt. Manche Hundebesitzer sagen, dass ihr Hund nicht gerne spielt. Das ist in den allermeisten Fällen nicht richtig. Gerade das Spielen mit Objekten kann man einem Hund in kurzer Zeit antrainieren. Jeder Hund hat andere Vorlieben, und jeder Besitzer muss herausfinden, womit sein Hund gerne spielt.

Spielen mit dem Hund ist auch ein wichtiges Element in Bezug auf die hierarchische Struktur zwischen Mensch und Hund. Dabei kommt es weniger darauf an, wer »gewinnt«, sondern vielmehr, wer mit dem Spielen beginnt, bzw. den anderen erfolgreich zum Spielen auffordert.

Vorsicht

Auch zwischen Mensch und Hund gilt, dass ein Übergang von Spiel zu Ernst jederzeit möglich ist. Um Konflikten, z. B. um einen Ball oder beim Ziehen an einem Tau, vorzubeugen, sollte der Mensch die Spielregeln bestimmen. Ein gut auftrainiertes »Aus«-Kommando ist dabei auf jeden Fall wichtig.

»Rangordnung« – Hierarchie zwischen Hunden und Menschen

Für Hunde als soziale Tiere ist es selbstverständlich und wichtig, im Rudel eine Hierarchie auszubilden. Über die Bedeutung und das Entstehen von Rangunterschieden bei Wölfen bzw. Hunden wurde bereits auf S. 43 gesprochen. Da Hunde in unserer Gesellschaft (meist) eng mit Menschen zusammenleben, bilden sie auch mit diesen gewisse Hierarchien aus. Auch hier gilt, dass man sich eine Rangposition nicht einfach so nehmen kann. Es wurde schon darauf hingewiesen, dass dazu immer zwei gehören: einer ist höher und der andere niedriger, der Rangniedrigere akzeptiert in entscheidenden Momenten den höheren Rang des anderen. Dies funktioniert gut zwischen Hunden, da sie die gleiche Sprache sprechen – führt aber häufig mangels eindeutiger Kommunikation zu Problemen zwischen Mensch und Hund. Für Menschen hat dies nicht nur im Ernstfall der aggressiven Auseinandersetzung mit dem Hund negative Konsequenzen. Auch im »normalen« Zusammenleben mit einem »normalen« Hund ist es besser, wenn der Mensch die Leitfunktion behält. Es macht das Zusammenleben leichter und hat letztendlich auch in Erziehungsfragen eine gewisse Bedeutung: Je weiter unten der Hund in der Hierarchie seines gemischten Mensch-Hund-Rudels ist, desto abhängiger wird er vom Verhalten des ranghöheren Menschen und desto mehr achtet er auf ihn. Auf diese Weise kann der Mensch seine Einflussmöglichkeit auf seinen Hund erhöhen.

▶ Entwicklung von Rangunterschieden

Beim Etablieren einer hierarchischen Struktur geht es um den Zugang zu Ressourcen. Warum das so ist und was für den Hund wichtige Ressourcen sind, wurde schon an anderer Stelle ausführlich besprochen und gilt weitestgehend auch im Zusammenleben mit dem Menschen. Auch dass Hunde ihre jeweilige Rangposition gegenüber einem anderen Rudelmitglied auf subtile Weise klären oder demonstrieren und dass das Zeigen aggressiver Verhaltensweisen dabei eher selten ist, wurde schon erwähnt. Was bedeuten diese Dinge, wenn sie auf das Zusammenleben von Hunden und Menschen übertragen werden? Für den Hund ändert sich grundsätzlich nichts, er wird genauso wie unter Seinesgleichen versuchen, eine möglichst hohe Rangposition einzunehmen und dabei die gleiche »Vorgehensweise« wählen: Zugang zu Ressourcen (Territorium, Futter, Streicheleinheiten, Spielzeug, erhöhte Ruheplätze) sichern und darüber verfügen. Für den Menschen bedeutet das, dass er wissen und erkennen muss, warum der Hund ein bestimmtes Verhalten zeigt.

Futter ist eine wichtige Ressource.

SOZIALKONTAKT ▶ Die Ressource »Sozialkontakt« spielt hier eine besonders wichtige Rolle. Machen wir uns noch einmal klar, warum die meisten Menschen einen Hund als Haustier halten: Als Freund und Partner, zu dem man soziale Kontakte unterhält. Der Hund wird täglich gestreichelt, man redet mit ihm und spielt mit ihm. Häufig macht man das unbewusst, ganz »nebenbei«. Gerade das »Streicheln« ist ein schönes Beispiel dafür, dass Menschen und Hunde derselben Sache ganz unterschiedliche Bedeutung beimessen können und dies Auswirkung auf die hierarchische Struktur zwischen beiden haben kann. Wenn ein Hund zu seinem Besitzer kommt und gestreichelt werden will, macht er das in der Regel nicht »nebenbei«. Für den Hund ist die Aufforderung zum Streicheln häufig auch eine Anfrage an den Besitzer: Ich möchte etwas von dir und wenn du darauf eingehst, signalisierst du mir damit auch, dass ich in genau diesem Moment eine höhere Rangposition habe. Und der Besitzer, der seinen

Hund streichelt, weil er ihn einfach mag, gibt ihm eigentlich zu verstehen: Ja, du hast gerade jetzt eine höhere Rangposition! Man kann sich also ausrechnen, wie häufig einem Hund nur durch beiläufiges Streicheln eine hohe

Aufforderung zum Anspringen – hier bestimmt der Mensch, wann eine spielerische Rangelei beginnt.

Rangposition gewährt wird. Geschieht das regelmäßig über einen längeren Zeitraum, ist für den Hund die Sache klar: Ich habe hier eine hohe Rangposition und das Anrecht auf viele wichtige Dinge.

Das Beispiel »Streicheln« kann in ähnlicher Weise auf viele Dinge im Zusammenleben von Hund und Mensch übertragen werden: Spielen, Spazierengehen, Füttern, etc. Für den Besitzer können sich dadurch sehr viele verschiedene Probleme ergeben.

VERTEIDIGUNG VON RESSOURCEN ▶
Ein Problem, das Hundebesitzer bei uns durchaus häufiger in der Verhaltenstherapie vorstellen, ist folgendes: Der Hund knurrt, wenn er auf dem Sofa sitzt und lässt seine Besitzer nicht mehr darauf sitzen. Aus der Vorgeschichte lässt sich dann sehr oft erkennen, dass der Hund von seinen Besitzern schon seit längerem unbewusst zum »Rudelboss« erklärt wurde und nun auf den Zugang zur Ressource »erhöhter Liegeplatz« – also das Sofa – besteht. Der Hund, der nach dem Besitzer schnappt, wenn dieser ihn vom Sofa ziehen will, wehrt sich damit gegen den »anmaßenden Übergriff« eines (seiner Meinung nach) Rangniederen. Auch, wenn dieses Verhalten für den Besitzer problematisch ist, zeigt der Hund in dieser Situation ganz normales Hundeverhalten!

Allerdings kann auch ein rangniederer Hund in solchen Situationen aggressiv reagieren. Er knurrt nun nicht, um den Sofaplatz zu verteidigen, sondern schützt eine andere wichtige Ressource: seine »körperliche Unversehrtheit«.

WANN DARF MAN SEINEN HUND STREICHELN UND DARF EIN HUND ÜBERHAUPT AUF DAS SOFA? ▶
Wenn der Mensch in der Hierarchie höher stehen soll als der Hund, muss er Ressourcen »verwalten« können. Man darf seinen Hund im Grunde so oft streicheln, wie man es will – aber eben nicht, wenn der Hund die »Schmuseeinheit« einfordert.

Genauso verhält es sich mit dem Sofa. Ob Sie Ihren Hund auf dem Sofa oder Bett haben wollen, entscheiden Sie! Wenn ein Besitzer seinem Hund unter besonderen Umständen erlaubt, auf das Sofa zu springen (z. B. wenn eine bestimmte Decke dort liegt oder der Hund ein bestimmtes Kommando bekommt), ist das völlig in Ordnung. Aber auch hier sollte man darauf achten, dass der Hund nicht frei über den Sofaplatz verfügen kann.

Ranganzeigende Gesten beim Spielen – kein Problem, wenn die Rangpositionen geklärt sind und Vertrauen zwischen Mensch und Hund besteht.

> **Wichtig**
>
> **Ranghöhe – Aggressionsproblem**
> Es wurde gesagt, dass es im Zusammenleben zwischen Mensch und Hund sinnvoll ist, dass der Mensch eine ranghöhere Position und der Hund eine rangniedere Position im »Rudel« einnimmt. Das bedeutet aber nicht, dass ein ranghöherer Hund automatisch in bestimmten Situationen aggressiv reagiert. Wenn ein ranghöherer Hund sehr sicher im Umgang mit Menschen ist und ein gutes Vertrauensverhältnis zwischen Mensch und Hund besteht, kann das Zusammenleben ganz unproblematisch sein.

Kinder und Hunde

Wenn Kinder mit Hunden zusammenleben, kommen so genannten »ranganmaßenden Gesten« eine besonders wichtige Bedeutung zu. Die meisten Eltern wollen, dass der Hund in der hierarischen Struktur unter den Kindern steht – und den wenigsten ist klar, dass das zumeist erst der Fall sein kann, wenn die Kinder die Pubertät erreichen. Vorher wird ein erwachsener Hund immer eine Rangordnung herausbilden, in der er über den Kindern steht. Kinder bis zu einem bestimmten Alter sind einfach noch nicht in der Lage, aktiv an einer Rangbeziehung zu einem Hund mitzuarbeiten.

Probleme entstehen dann, wenn Kinder gegenüber dem (ranghöheren) Hund Verhaltensweisen zeigen, die dieser als ranganmaßendes Verhalten empfindet. Dazu gehört zum Beispiel, dass dem Hund die Arme um den Kopf oder auf die Schulter oder ihm eine Hand auf den Rücken gelegt werden. Auch sich bei einem liegenden Hund aufstützen ist ranganmaßendes Verhalten. Wenn ein Hund ein solches Verhalten von einem Rangniederen nicht dulden will, wird er ihn »verwarnen«, erst subtil, gegebenenfalls deutlicher.

Kinder und Hunde können sich prima verstehen.

Eine freundschaftliche Umarmung – der Hund reagiert unsicher auf das Verhalten des Kindes und zeigt Schnauzenlecken als Zeichen passiver Demut.

Und genau wie bei dem Beispiel »Sofa« kann der Hund das Verhalten eines Kindes rein als Bedrohung empfinden und sich dagegen verteidigen wollen.

Da schon Erwachsene manche Signale von Hunden übersehen oder falsch interpretieren, kann man sich vorstellen, dass Kinder hier noch mehr Probleme haben. Aufgrund von Kommunikationsproblemen können dann schnell Konfliktsituationen entstehen, die besonders für Kinder unangenehm oder sogar gefährlich sein können. Eltern sollten Kinder und Hunde also nie unbeaufsichtigt lassen – zumal Kinder ja auch durchaus ihre Späße mit Tieren treiben und auch so Konfliktsituationen entstehen können. Eltern können ihren Kindern übrigens keine generelle Rangposition gegenüber dem Hund zuweisen. Sie können zwar in ihrer Anwesenheit das Verhalten des Hundes gegenüber den Kindern steuern, das hat aber keine Auswirkung auf Situationen, in denen sie nicht dabei sind.

▸ **Rangzeigende Gesten**

Wenn ein Wolf oder ein Hund eine bestimmte Rangposition gegenüber einem anderen Mitglied seiner Gemeinschaft hat, wird er diese Position durch »rangzeigende Gesten« immer mal wieder demonstrieren.

Auch Hunde, die mit Menschen in einer hierarchischen Struktur leben, zeigen dieses Verhalten. Beispielsweise durch nachdrückliche Aufforderungen zum Streicheln oder Spielen oder dadurch, dass sie ein Spielzeug oder einen Kauknochen demonstrativ vor den Augen ihrer Besitzer herumtragen. Solche Verhaltensweisen können einen Hinweis darauf geben, dass die Rangbeziehung zwischen Mensch und Hund anders aussieht, als der Mensch vielleicht denkt.

Dann reagiert der Besitzer auf seinen Hund, indem er ihn streichelt, mit ihm spielt oder ihn auch nur anspricht oder anschaut, erkennt er (in diesem Moment) dessen höhere Rangposition an.

> **Rangordnung**
>
> Einem Hund sollte auf subtile Art (ohne Gewalt!) gezeigt werden, wo sein Platz im Rudel ist: am unteren Ende, egal in welcher Situation. Simple Demonstrationen der Rangordnung sind die folgenden:
> - Ein ranghöherer Mensch beginnt jede Form von Sozialkontakt (z. B. Streicheln/verbale Zuwendung, Spiel) und beendet ihn auch.
> - Ein ranghöherer Mensch hat Anspruch auf die besten (meist erhöhten) Plätze.
> - Ein ranghöherer Mensch darf als erster Neuankömmlinge (Besuch) begrüßen und wird auch als Erstes begrüßt.
> - Ein ranghöherer Mensch geht als Erster durch eine Tür in/aus der Wohnung; erst dann folgt der Hund.
> - Ein rangniederer Hund isst in der Regel erst nach den ranghöheren Rudelmitgliedern. Dabei bestimmt der ranghöhere Mensch Menge und Fütterungszeit.

Es muss täglich mit dem Hund gekuschelt oder gespielt werden – aber der Mensch bestimmt den Zeitpunkt.

Die im Kasten aufgeführten Punkte sind nur Beispiele für verschiedene Situationen, in denen es um die Verfügbarkeit einer Ressource geht. Dabei gibt es für jedes Individuum unterschiedliche Schwerpunkte. Ein Hund, der immer als Erster durch die Tür geht, muss nicht automatisch eine ranghöhere Position haben als sein Besitzer.

Wenn die Ressource »Spielen« für diesen Hund sehr wichtig ist und sein Besitzer dabei regelmäßig Ende und Anfang bestimmt, hat der Hund zumindest in dieser Situation eine rangniedere Position. Über die Rangbeziehung zwischen zwei Individuen entscheidet niemals eine einzelne Situation, sondern immer die Summe aller möglichen Situationen in einem bestimmten Zeitrahmen.

Aufgrund neuerer Untersuchungen über das Zusammenleben von Menschen und Hunden spielen alle Formen sozialer Kontakte bei der Herausbildung von Rangbeziehungen zwischen Menschen und Hunden eine wichtige Rolle. Bei der Verwaltung der »Ressource« Sozialkontakte – der Mensch bestimmt Anfang und Ende – muss man natürlich daran denken, dem Hund als sozialem Tier gerecht zu werden. Deshalb muss jeden Tag häufig mit dem Hund gespielt und gekuschelt werden – aber eben nur, wenn der Mensch dies will.

Verständigung im Training

Verständigung im Training

100 ▶	Wie Probleme entstehen	
104 ▶	Ausüben von Druck und Bestrafung beim Training	
105 ▶	Rangordnung und Gehorsam	
109 ▶	Verhaltensprobleme erkennen	

Wie Probleme entstehen

Einen Hund erziehen bedeutet immer auch, mit dem Hund kommunizieren. Alles, was allgemein zur Kommunikation gesagt wurde, gilt auch bei der Erziehung und beim Training. Durch Lernerfahrungen können Signale, die zunächst keine Bedeutung für den Empfänger haben, einen Informationswert bekommen. Ob dieser Informationswert und die daraus resultierende Reaktion des Empfängers, mit dem übereinstimmen, was der Sender beabsichtigt hat, hängt davon ab, ob beide tatsächlich »die gleiche Sprache sprechen«. In dem Fall von Hund und Mensch müssen beide lernen, die »Sprache« des anderen zu verstehen. Der Hund muss lernen, was ein bestimmtes Signal bedeutet und der Mensch muss lernen, das Verhalten des Hundes und dessen Signale (das Ausdrucksverhalten) richtig zu deuten – sonst kann bei der Erziehung einiges schief laufen. In diesem Zusammenhang ist der Einfluss von unbewusster Kommunikation (des Menschen) auf die Trainingssituation besonders hervorzuheben.

▶ Unzureichend auftrainierte oder unklare Signale

Wenn wir von einem Hund erwarten, auf ein bestimmtes Signal hin (z. B. das Wort SITZ) ein bestimmtes Verhalten zu zeigen (z. B Hinsetzen), müssen wir dem Hund erst einmal klar machen, was das Wort SITZ bedeutet. Im Abschnitt »Informationssysteme« (S. 11) wurde schon ausführlich auf die Begriffe »Signal« und »Information« eingegangen. In diesem Zusammenhang wurden auch kurz einige Aspekte des Lernverhaltens beleuchtet. An dieser Stelle sollen einige Punkte noch einmal aufgegriffen werden, um zu verdeutlichen, warum es beim Training manchmal nicht so klappt, wie man sich das wünscht.

Training ist Kommunikation.

Was im Wohnzimmer klappt, muss bei Ablenkung auf der Wiese erst gelernt werden.

Wenn man seinem Hund das Signal (= Kommando) SITZ beibringen will, kann man damit beginnen, dass man ihm ein Leckerli über den Kopf hält (= Handsignal). Der Hund fixiert das Leckerli mit den Augen und setzt sich dabei zwangsläufig hin. Dafür bekommt er das Leckerli. Er lernt, dass es in genau dieser Situation lohnenswert ist, sich mit dem Po auf den Boden zu setzen und setzt sich das nächste Mal schneller hin. Während der Hund sich hinsetzt, sagt man das Wort SITZ und führt so ein akustisches Signal ein. Diese Trainingssituation besteht oberflächlich betrachtet aus einem Handzeichen und einem akustischen Signal für das Verhalten »Sich Hinsetzen«. Der Hund nimmt aber in diesem Moment auch noch andere Signale aus seiner Umgebung wahr: ein Sofa in der Ecke, ein Fenster, eine weitere Person im Raum, Geräusche aus dem Radio, etc. Auch diese Dinge bestimmen die Situation und gehören zu Beginn des Training für den Hund zu den Signalen für das Verhalten »Hinsetzen« dazu. Geht man nun zum Üben auf eine Wiese, ist das für den Hund eine völlig andere Situa-

tion: manche Dinge fehlen (z. B. das Sofa und das Fenster), andere kommen neu hinzu (z. B. Passanten, andere Hunde, Vogelgezwitscher). Man muss nun fast von vorne anfangen, um dem Hund die Gelegenheit zu geben, die eigentlichen Signale für das SITZ (Handzeichen und/oder Wort) herauszufiltern. Ein Hund, der im Wohnzimmer perfekt SITZ macht, kann das auf der Wiese noch lange nicht. Dabei ist er nicht ungehorsam, er muss die Übung auf der Wiese oder an anderen Orten nur erst lernen.

KOMM bedeutet zu Herrchen oder Frauchen hinlaufen – und dafür belohnt werden.

VERKNÜPFUNG VON SIGNALEN ▶

Es wurde schon besprochen, dass Dinge, die in einem sehr engen zeitlichen Abstand – also fast gleichzeitig – geschehen, miteinander verknüpft werden. Wenn ein Hund zum Beispiel ein Rückruf-Signal KOMM erlernen soll, ruft man zunächst das Signal immer dann, wenn der Hund sowieso auf einen zugelaufen kommt. Der Hund verknüpft das Wort KOMM und das Hinlaufen zum Besitzer miteinander. Erst nach mehreren tausend (!!) Wiederholungen ist die Verknüpfung so stark, dass das Wort KOMM beim Hund das dazugehörige Verhalten »Hinlaufen zum Besitzer« in einer Vielzahl an Situationen und unter vielen möglichen Ablenkungen auslöst. Häufig sind Hundebesitzer ungeduldig und glauben nach kurzem Üben, der Hund wisse schon in jeder Situation, was das Wort KOMM bedeutet. Das Kommando wird dann oft in dem Moment gerufen, in dem der Hund von seinem Besitzer wegläuft. Auch das Weglaufen von seinem Besitzer verknüpft der Hund dann aber mit dem Wort KOMM – beides geschieht ja gleichzeitig. Wenn so etwas häufiger passiert, verliert das Wort KOMM für den Hund immer mehr die Bedeutung »Hinlaufen zum Besitzer«. Und in ganz extremen Fällen bekommt es dafür die Bedeutung »Weglaufen vom Besitzer«. Man sollte beim Auftrainieren eines Signals also immer darauf achten, dass das Signal tatsächlich eng mit dem gewünschten Verhalten verknüpft wird. Bei der Wortwahl eines Signals ist es deshalb auch wichtig, darauf zu achten, kein Wort auszuwählen, das häufig »nebenbei« benutzt wird (»komm, stell Dich nicht so an« oder »komm, hör damit auf«). Sinnvoller wäre es zum Beispiel dann, statt des Wortes KOMM das Wort HIER als Rückruf-Signal zu verwenden.

▶ Unbewusste Kommunikation beim Training

Beim Training konzentrieren wir uns oft sehr stark auf den Hund und sein Verhalten – befolgt er ein Kommando oder tut er es nicht. Dabei vergessen Menschen oft, dass sie durch ihr eigenes Verhalten, besonders die Körpersprache, ständig mit dem Hund kommunizieren und dass es durch diese unbewusste Kommunikation zu Missverständnissen kommen kann. Ein schönes Beispiel ist folgendes Ereignis während eines Hundekurses: Die Hunde und ihre Besitzer üben auf einer Wiese den Rückruf. Die Hunde sitzen in einiger Entfernung von ihren Besitzern und damit sie nicht weglaufen können (das Signal soll ja erst gelernt werden), sind sie an einer langen Leine. Wenn ein Besitzer seinen Hund ruft, wickelt er gleichzeitig die Leine dabei auf, damit der Hund sich nicht darin verfängt. Nach einiger Zeit wird ohne Leine geübt und alle Hunde kommen auf den Rückruf – bis auf einen. Dieser Hund guckt abwartend zu seinem Besitzer, setzt sich aber nicht in Bewegung. Erst als der Besitzer so tut, als würde er mit den Händen etwas aufwickeln, kommt der Hund angelaufen. Der Hund hat den Rückruf prima gelernt, hat aber nicht das verbale Signal KOMM, sondern das Signal, das sein Besitzer mit den Händen gibt, mit dem »Hinlaufen zum Besitzer« verknüpft. In diesem Fall musste das gesprochene Signal KOMM durch Üben für den Hund deutlicher auftrainiert werden und das unbewusst auftrainierte Handsignal »Wickeln« langsam abgebaut werden.

BESCHWICHTIGUNG ▶ Der Rückruf ist auch ein schönes Beispiel für ein anderes Problem, das durch unbewusste Kommunikation (des Menschen) hervorgerufen werden kann: Ein Hundebesitzer ruft seinen Hund und der gehorcht nicht. Also ruft der Besitzer noch einmal, diesmal lauter und geht vielleicht auch ein Stück vor oder beugt sich vor. Der Hund guckt, kommt aber nicht ganz zu seinem Besitzer heran. Unter Umständen läuft er um seinen Besitzer herum und zeigt Ansätze von Spielverhalten. Meist denkt der Besitzer nun, sein Hund führe ihn an der Nase herum. Aus »Hundesicht« könnte es dafür eine Erklärung geben, die in dem Verhalten des Besitzers liegt. Vielleicht ist der Hund beim ersten Rufen nicht gekommen, weil er sehr abgelenkt war und der Rückruf in dieser Situation noch nicht ausreichend geübt wurde. Wenn der Hund dann auf das zweite laute Rufen zumindest mit Umgucken reagiert, sieht er seinen Besitzer, der ihm mit seiner Körpersprache bedrohlich erscheint. Dadurch ist der Hund verunsichert und entscheidet, dass es im Moment nicht angeraten ist, sich weiter anzunähern. Das gezeigte Spielverhalten in diesem Zusammenhang gehört zu den Verhaltensweisen der Beschwichtigung (Umlenkung aggressiven Verhaltens, siehe S. 76). Es hat nichts damit zu tun, dass der Hund seinem Besitzer auf der Nase herumtanzt, es soll nur dessen vermeintlich aggressives Verhalten beschwichtigen.

Sich derart über einen Hund beugen kann wie eine Bedrohung wirken.

Der Hund reagiert auf die erhobene Hand und das Wiederholen des bereits befolgten »Platz«-Kommandos mit Unsicherheit.

Ausüben von Druck und Bestrafung beim Training

Wenn man während des Trainings unbewusst oder bewusst Druck auf den Hund ausübt, kann ihn das verunsichern und zu Stress führen. Bei Stress laufen im Gehirn verschiedene Vorgänge ab, die den eigentlichen Lernvorgang behindern oder sogar ganz verhindern können.

Ohne Stress lernt es sich besser.

▶ **Druck durch unbewusste Kommunikation**

Ein Beispiel dafür, wie Menschen durch unbewusste Kommunikation Druck auf ihren Hund ausüben können, haben wir am Beispiel Rückruf bereits besprochen. Auch in anderen Trainingssituationen könnte sich ein Hund durch die unbewusste Körpersprache seines Besitzers »unter Druck gesetzt« und verunsichert fühlen. Daher sollte man beim Training darauf achten, wie sich der Hund verhält, wenn man ihm beispielsweise direkt in die Augen schaut, sich nach vorne beugt oder die Hand hebt. Reagiert ein Hund dann unsicher, ist es sinnvoll, die eigene Körperhaltung zu verändern, sich z. B. beim Üben des Rückrufes zunächst Hinzuhocken und sich dann langsam »Hocharbeiten«.

▶ **Druck durch bewusste Kommunikation (Bestrafung)**

Strafen haben in der Erziehung eines Hundes eine Rolle gespielt, seitdem der Mensch sich Hunde als Haustiere hält. Warum das so ist und ob das so sein muss, ist ein Thema, über das man ein

Nähert sich der Mensch weiter an, zeigt der Hund Verhaltenselemente aus dem Bereich der passiven Demut: Schnauzenlecken, Wegschauen. Verstärkt sich der Druck durch die bedrohlich erscheinende Körperhaltung des Menschen, weicht der Hund zurück.

eigenes Buch schreiben könnte. An dieser Stelle sei nur darauf hingewiesen, dass Strafmaßnahmen vom Hund sehr häufig als eine aggressive Reaktion aufgefasst werden. Vielfach ist es gerade in Trainingssituationen für Hunde nicht verständlich, warum der Mensch nun aggressiv reagiert – und dies führt wieder zu Verunsicherung und Stress und erschwert so das Lernen (oder verhindert es sogar).

Training bedeutet Sozialkontakt – und Hunde geben sich im sozialen Miteinander keine Kommandos wie »Setz dich hin« oder »Komm zu mir«. Hunde signalisieren sich aber in entsprechenden Situationen gegenseitig »Lass mich in Ruhe«, »Geh weg (dies ist mein Knochen, etc.)« oder »Du darfst zu mir kommen«.

Training sollte also immer so aufgebaut werden, dass der Hund das Verhalten seines Menschen auch in diesen sozialen Kontext einordnen kann und versteht, was der andere jetzt in dieser Situation von ihm will. So leidet weder das Vertrauensverhältnis noch die Kommunikation zwischen Mensch und Hund.

Rangordnung und Gehorsam

Häufig reagieren Besitzer ungehalten, wenn ein Hund nicht gehorcht. Wir haben schon besprochen, dass es dafür verschiedene Gründe geben kann: Der Hund hat die Bedeutung des Signals noch nicht verstanden (gelernt), das Signal wurde in der entsprechenden Situation noch nicht ausreichend geübt oder die Ablenkung war einfach zu groß. Oder der Besitzer drückt sich auf der sozialen Ebene missverständlich aus und der Hund ist verunsichert.

▶ Ungehorsam

Dieser wird heute noch von vielen Hundebesitzern und einigen Trainern als ein »Rangordnungsproblem« angesehen und es wird dann geraten, dass der »dominante« Hund mal deutlich in seine Schranken verwiesen und für seinen Ungehorsam bestraft werden muss. Oft wird der Hund dazu im Nacken gepackt und geschüttelt (»Nackenschütteln«) oder auf die Seite geworfen (»Alpha-Rolle«). Hier liegen zwei Missverständnisse vor.

Druck durch bewusste Kommunikation
Oben und rechts: »Platz«-Übung mit Druck – die Körpersprache des Menschen und der Zug am Halsband verunsichern den Hund deutlich und führt zu Stress.

Unten: »Platz«-Übung ohne Druck – ein entspannter Hund lernt besser.

ZUSAMMENHANG ZWISCHEN UNGEHORSAM UND RANGORDNUNG?

▶ Es ist ein Missverständnis anzunehmen, dass zwischen Ungehorsam und Rangordnung ein direkter Zusammenhang besteht.

Ein Hund, der ein bestimmtes Kommando nicht befolgt, tut das aus verschiedensten Gründen, aber in den aller seltensten Fällen, weil er ranghöher als sein Besitzer ist. Folglich ist »Unterwerfen« auch nicht die Lösung für das Problem. Vielmehr wäre es sinnvoll, sich die Situation, in der der Hund nicht gehorcht, einmal genau anzuschauen (unter Umständen auch von einem Außenstehenden) und zu überlegen, wo das Problem liegen könnte. Hat der Hund das Signal wirklich verstanden, hat er z. B. tatsächlich das Wort SITZ mit der Bewegung »Hinsetzen« verknüpft? Wurde das Kommando in dieser Situation, z. B. unter dieser speziellen Ablenkung, schon ausreichend geübt? Sendet der Besitzer vielleicht unbewusst missverständliche Signale aus (z. B. Wort SITZ und gleichzeitig ein Handzeichen, was für den Hund PLATZ bedeutet)? Drückt die Körpersprache des Besitzers Ärger aus und der Hund befolgt den Rückruf nicht, weil er in diesem Moment ängstlich auf seinen Besitzer reagiert?

Die Rangordnung spielt bei der Erziehung nur insofern eine Rolle, als dass ein rangniederer Hund gegenüber seinem ranghöheren Besitzer aufmerksamer ist. Er »schätzt« die Belohnung (Streicheln, Leckerli, etc.) mehr, als ein ranghöherer Hund, der über diese Ressourcen sowieso frei verfügen kann. Und je höher die Bedeutung einer Belohnung ist und den Hund motiviert etwas zu tun, desto besser kann man sie beim Training einsetzen und Übungserfolge erzielen.

Die Aufmerksamkeit des (ranghöheren) Besitzers ist für den (rangniedrigeren) Hund eine wichtige Belohnung bei der Erziehung.

So könnte der Beginn einer »Alpha-Rolle« aussehen. Der Hund versucht schon bei der bedrohlichen Annäherung des Menschen auszuweichen – eine Situation, die auch beim Einfangen oder Anleinen auftreten kann.

NACKENFELLSCHÜTTELN UND ALPHA-ROLLE ▶ Ein weiteres Missverständnis liegt in der Annahme, dass Nackenfellschütteln oder die Alpha-Rolle bei der Etablierung einer Rangbeziehungen zwischen zwei Individuen überhaupt eine Rolle spielen. Beide Verhaltensweisen werden unter Hunden, aber in anderen Zusammenhängen, gezeigt.

Beispielsweise kann es beim Spielen zweier Hunde durchaus vorkommen, dass ein Hund einen anderen im Halsbereich im Fell packt und daran zieht. Es ist auch möglich, dass der auf diese Weise Festgehaltene sich dann auf die Seite wirft. Er tut dies aber freiwillig, denn auch aus dieser Position kann das Spiel weitergehen! Mit direkter Rangeinweisung hat dieses Verhalten zunächst wenig zu tun! Natürlich werden über Spielsequenzen auch Rangverhältnisse unter Hunden geklärt – aber hier kommt es wieder, wie schon erwähnt, auf die Gesamtheit vieler einzelner Situationen an.

Hunde zeigen in einem weiteren Zusammenhang Nackenfellschütteln und tatsächliches Umwerfen, nämlich im Rahmen agonistischen Verhaltens beim Ernstkampf. Wenn ein Hundebesitzer seinen Hund also packt, auf die Seite wirft und runterdrückt, vermittelt er seinem Hund, dass es in dieser Situation um Leben oder Tod geht und ein Beenden des Konfliktes nur noch durch Losreißen und Flucht oder durch Gegenwehr und eventuell den Tod des Gegners möglich sein kann. Ein Hund, der sich in dieser Situation wehrt und vielleicht auch beißt, ist nicht »dominant«, sondern verteidigt sein Leben. Viele Hunde lassen eine solche Behandlung durch ihren Besitzern dabei eher über sich ergehen und »ergeben sich ihrem Schicksal«. Mit einer Unterwerfung im Sinne der passiven Demut hat das nichts zu tun, denn die zeigt ein Hund als Reaktion auf ein Gegenüber von sich aus, das heißt, er wird nicht umgeworfen, sondern legt sich freiwillig hin (siehe »Passive Demut«, S. 77).

Zeigt ein Hund »passive Demut«, legt er sich auf die Seite. Er wird nicht umgeworfen.

Verhaltensprobleme erkennen

▶ **Angst und Aggression**

Auf einige für den Menschen »problematische« Verhaltensweisen von Hunden (Anspringen bei der Begrüßung, Besitzer nicht auf das Sofa lassen, Nicht-Gehorchen, Jagen, etc.) wurde in den vorigen Kapiteln schon eingegangen. Dass es sich bei diesen Verhaltensweisen weitgehend um Normalverhalten von Hunden handelt wurde ebenfalls besprochen.

Ein weiterer Problemkomplex in dem Zusammenleben von Hund und Mensch ist das Zeigen von Angst und aggressivem Verhalten. Beides hängt eng miteinander zusammen.

Auf S. 40 wurde schon erwähnt, dass es verschiedene Strategien gibt, mit denen ein Tier bei Stress oder Angst reagieren kann (Modell der »4 F's«). Ein Tier kann in entsprechend bedrohlichen Situationen fliehen, erstarren, angreifen oder versuchen zu kommunizieren.

Für welche »Strategie« sich ein bestimmtes Tier entscheidet, hängt immer von verschiedenen Umständen ab: von der jeweiligen Situation, eventuellen Erfahrungen in ähnlichen Situationen, der Reaktion des Gegenübers, etc. Und es ist zu jeder Zeit möglich, dass ein Tier von einem Verhalten (z. B. Flucht) zu einem anderen Verhalten (z. B. Angriff) wechselt, wenn es der Auffassung ist, dass das zuerst gezeigte Verhalten keinen Erfolg bringt. Wenn ein Hund Angst vor einem Menschen hat und nicht davonlaufen kann, wie er es in dieser Situation für notwendig hält (z. B. weil er an der Leine ist), wird er eventuell entscheiden, den Abstand zum Menschen auf andere Art zu vergrößern: er wird dann aggressives Verhalten, zum Beispiel in Form von Drohverhalten, zeigen, um den ihn ängstigenden Menschen auf Abstand zu halten.

Stress oder Angst sind daher häufige Ursachen für das Zeigen aggressiver Verhaltensweisen.

▶ Warum reagiert ein Hund ängstlich?

Angst ist ein negativer Gefühlszustand, der in scheinbar oder tatsächlich bedrohlichen Situationen eintritt. Angstverhalten gehört zum normalen Verhaltensrepertoire. Aber manche Hunde reagieren ängstlicher auf Menschen bzw. auf bestimmte Menschen als andere Hunde.

Ein »Umwelt«-sicherer Hund.

In der Sozialisationsphase werden dafür schon die Wege gebahnt. In dieser Phase »eicht« der Hund ein Referenzsystem für sein ganzes späteres Leben. Alles, was er in dieser Zeit kennen lernt, wird als zumeist ungefährlich, Artgenosse oder befreundete Spezies abgespeichert. Ein Hund, der keine oder nur wenig Stimulation in seiner Welpenzeit hatte und vielleicht auch schon mit einem eher ängstlichen Grundcharakter auf die Welt gekommen ist, kann unter Umständen Situationen als bedrohlich empfinden, die eigentlich »alltäglich« sein sollten. Um ein normales, artgerechtes Sozialverhalten zu entwickeln, benötigt der Welpe in der Sozialisationsphase entsprechende Umweltsignale. Dazu gehören neben den Dingen des alltäglichen Lebens (verschiedene Großstadtgeräusche und -gerüche, unterschiedliche Hunde, etc.) auch das Kennenlernen unterschiedlicher »Menschen-Typen«: z. B. Männer, Frauen und Kinder, alte und gebrechliche Menschen, Menschen mit unterschiedlicher Hautfarbe.

▶ Wichtig

Es kommt bei der Sozialisation mehr darauf an, dass Kontakte zu anderen Menschen oder Hunden möglich sind – erst sekundär ist die Qualität der Kontakte wichtig. Bei Hunden, die Angst vor einem bestimmten Typus Mensch haben, vermuten viele Besitzer, dass ein Mensch dieses Typus den Hund früher einmal geschlagen oder anderweitig geärgert/gequält haben muss. Dies ist fast nie so. Eher ist es so gelaufen, dass der Hund diesen Typus Mensch in seiner Sozialisationsphase nicht kennen lernen konnte und darum als älterer Hund Angst davor hat.

ÄNGSTLICHES VERHALTEN ▶ Dies kann vom Besitzer verstärkt werden. Als Verstärkung (Belohnung) empfindet ein Hund beispielsweise »beruhigende Worte« in einer Krisensituation. Der Hund versteht den Inhalt ja nicht. Wenn ein Hund beim Tierarzt sehr ängstlich ist und sein Besitzer ihm mit tröstenden Worten gut zuredet und ihn zur »Ablenkung« auch noch streichelt, lernt der Hund zwei Dinge: Erstens findet Frauchen (oder Herrchen) es gut, wenn ich vor Angst zittere, denn sie lobt und streichelt mich dafür und zweitens reagiert auch Frauchen in dieser Situation anders als sonst, also muss an der komischen Sache etwas dran sein und es ist richtig, dass ich mich so aufrege. Man will dem Hund also eine bestimmte Sache beibringen (»Du brauchst keine Angst zu haben«) – und der Hund lernt durch das belohnende Verhalten des Besitzers (»Du bekommst Aufmerksamkeit, wenn Du Angst hast«) genau das Gegenteil. Ein echtes Kommunikationsproblem!

und mangels anderer Möglichkeiten weiter erhöht. Das eben Gesagte soll natürlich keine Anleitung dafür sein, die Hand nicht zurückzuziehen, in der Ernstfallsituation soll jeder Schaden vermieden werden. Man sollte nur dann aus dem Verhalten des Hundes die richtigen Schlüsse ziehen und den Angstabbau trainieren.

Um aus diesem Teufelskreis wieder

Dieser Hund guckt angespannt in Richtung Skateboardfahrer und folgt dann unsicher seiner Besitzerin – ohne Leine würde er wahrscheinlich ausweichen.

Weil »Angst haben« belohnt wurde, ist es sogar möglich, dass der Hund beim nächsten Tierarztbesuch noch schneller und deutlicher ängstlich reagiert. Der Hund reagiert dabei nicht bewusst, er »schauspielert« nicht, sondern empfindet tatsächlich Angst. Man kann den Faden sogar noch weiterspinnen. Denken wir wieder an die »4 F's«: eine mögliche Reaktion bei Angst ist aggressives Verhalten (den Tierarzt anknurren oder nach ihm schnappen). Der Tierarzt zieht wahrscheinlich die Hand schnell zurück – und wieder wird das Verhalten des Hundes belohnt – diesmal zusätzlich zur Angst auch noch das Knurren oder Schnappen. Nun muss der Hund bei der Behandlung stärker festgehalten werden; er empfindet noch mehr Angst und seine Bereitschaft, aggressives Verhalten zu zeigen, wird aufgrund bisheriger Lern(erfahrungen)

herauszukommen, ist ein entsprechendes Verhaltenstraining nötig, bei dem der Hund und vor allem der Besitzer lernen muss, dass nicht Angst oder aggressives Verhalten belohnt wird, sondern nur entspanntes Verhalten. Natürlich ist es viel sinnvoller und vor allem angenehmer für den Hund, wenn er von Anfang an lernt, dass ein Tierarztbesuch auch seine guten Seiten hat. Man kann schon mit einem Welpen üben, dass es für Entspannung und Stillhalten eine Belohnung gibt. Und der Hund kann lernen, dass nicht jeder Tierarztbesuch unangenehm ist – manchmal gibt es auf dem Behandlungstisch nur ein Leckerli und dann darf man wieder gehen! Wenn es wirklich einmal unangenehm beim Tierarzt ist, sollte man sich als Besitzer möglichst neutral verhalten, um die Situation nicht emotional »aufzuladen«.

Der Hund reagiert auf den fremden Menschen unsicher. Je näher der Mensch kommt und (für den Hund) bedrohlich erscheinende Signale aussendet, desto unsicherer reagiert der Hund und weicht zurück. Dabei zeigt er viele Elemente aus dem Bereich »Passive Demut«: Ohren leicht zurückgelegt, Schnauzenlecken, Vorderkörper niedrig gestellt, Gewicht auf die hintere Körperhälfte gelegt, Hinterläufe leicht eingeknickt.

▶ Individualdistanz

Ein weiteres Beispiel soll noch einmal verdeutlichen, wie eng Angst und aggressives Verhalten zusammenhängen.

In einer als bedrohlich empfundenen Situation kann aggressives Verhalten (Drohverhalten, z. B. Bellen, Knurren) dazu dienen, die Bedrohung auf Abstand zu halten. Wird der Abstand trotzdem aktiv durch den »Bedrohenden« verringert, kann Angriffsverhalten gezeigt werden. Ein alltägliches Beispiel hierfür könnte ein Hund sein, der angebunden vor einem Geschäft steht und (nach Meinung vorbeikommender Menschen) recht unglücklich dreinschaut. Vielleicht ist der Hund auch wirklich »unglücklich« – sein Besitzer hat ihn allein gelassen und das ängstigt den Hund, weil er es nicht gewöhnt ist, und der Verkehrslärm und die Passanten beunruhigen ihn zusätzlich. Ein Mensch, der jetzt stehen bleibt und den Hund durch Ansprechen beruhigen will, erreicht in dieser Situation meist das Gegenteil. Der Hund fühlt sich bedroht und weicht zurück. Der Passant geht einen Schritt näher und beugt sich vor. Nun bellt der Hund und vielleicht knurrt er auch. Der Hund möchte damit erreichen, dass der Mensch den Abstand beibehält oder sogar vergrößert. Häufig beugt sich der »freundliche« Mensch jetzt noch vor und streckt dem Hund die Hand entgegen, um seine »guten Absichten« stärker zu verdeutlichen. Für den Hund bedeutet das, dass er mit seinem bisherigen Verhalten nichts erreicht hat, er muss also deutlicher werden – und er schnappt nach der Hand. Der Mensch, dem die Hand gehört, ist entrüstet: Der böse Hund, dabei wollte man ihn doch nur trösten! Das sind zwei völlig verschiedene Ansichten derselben Situation.

VERHALTENSPROBLEME ERKENNEN

▶ **Lernen am Erfolg**

Häufig lernt ein unsicherer oder ängstlicher Hund, dass er eine bedrohliche Situation beenden kann, wenn er seine Angst mit einem offensiven Display überspielt. Er lernt, dass man ihm aus dem Wege geht, wenn er aggressives Verhalten zeigt. Auch das lässt sich auf die Situation des angebundenen Hundes vor dem Geschäft übertragen: Macht der Hund häufig die Erfahrung, dass Menschen nicht auf sein Zurückweichen reagieren und sich weiter annähern, reagiert er von vornherein mit deutlichem Drohverhalten (Bellen oder Knurren) gegenüber vorübergehenden Menschen. Macht er nun wiederum häufig die Erfahrung, dass sich Menschen trotz seines Drohens weiter annähern, sich aber sehr schnell und ganz unvermittelt zu aggressivem Verhalten (z. B. Schnappen) kommen. Durch die Bestrafung lernt der Hund, dass das Zeigen von Drohverhalten nicht erwünscht ist, aber das ändert nichts an seinem emotionalen Zustand der Angst. In unserem Beispiel würde der Passant denken, dass der Hund »einfach so« in die ausgestreckte Hand gebissen hätte.

ERSTE ANZEICHEN ERKENNEN ▶

In vielen Fällen übersehen Menschen die dezenten Anzeichen im Ausdrucksverhalten des Hundes oder können sie nicht richtig deuten. Ein Hund kann mit dem Menschen nur im Rahmen seiner genetisch festgelegten und später erlernten Möglichkeiten kommunizieren – und er geht davon aus, dass wir Menschen »seine« Sprache verstehen.

zügig entfernen, wenn er schnappt, wird er immer weniger drohen, sondern immer eher bereit sein, zu schnappen. Lernen am Erfolg findet statt und der Hund ist immer schneller dazu bereit, das für ihn »erfolgreiche Verhalten« zu zeigen. Auch, wenn das Zeigen von Drohverhalten, das ja eine Warnung darstellt, durch Eingreifen (der Besitzer kommt aus dem Geschäft und bestraft seinen Hund für das Bellen und Knurren) unterbunden wird, kann es beim nächsten Mal scheinbar

Der Hund reagiert auf die kniende Person etwas weniger unsicher, aber die ausgestreckte Hand wirkt trotz Leckerli bedrohlich auf ihn.
Der Mensch nimmt die Hand zurück, guckt den Hund aber noch direkt an: Der Hund entspannt sich jetzt etwas. Das Körpergewicht wird mehr auf die vordere Körperhälfte verlagert und die Mimik ändert sich. Wendet der Mensch den Blick ab, traut sich der Hund näher und nimmt sogar ein Leckerli aus der Hand.

VERSTÄNDIGUNG IM TRAINING

Derselbe Hund reagiert in der gleichen Situation auf einen ihm bekannten Menschen mit aktiver Demut.

In dem Abschnitt »Kommunikation unter Hunden« wurde bereits ausführlich das Ausdrucksverhalten des Hundes beschrieben, und auf die Anzeichen von Unsicherheit und Angst in der Körpersprache eingegangen.

Im Kasten »Verhalten Mensch – Hund« werden noch einmal Verhaltensweisen von Menschen (oder auch von einem anderen Hund) aufgezählt, die von Hunden als bedrohlich empfunden werden können.

Verhalten Mensch – Hund

Menschenverhalten	Hundeverhalten
Dem Hund direkt in die Augen sehen	Direkter Blickkontakt = Drohfixieren
Von vorne über den Hund beugen, Hand dem Hund (Kopf) entgegenstrecken	Frontale Annäherung, Einschränken der Bewegungsfreiheit
Dem Hund auf den Oberkopf fassen	Kopf- oder Pfoteauflegen
Dem Hund auf den Rücken fassen	Kopf- oder Pfoteauflegen
Dem Hund in den Flankenbereich fassen	Aufreiten

Ein Wort zum Schluss

In dem ersten Kapitel dieses Buches wurden die theoretischen Grundlagen der Kommunikation besprochen. Es wurde erläutert, dass zur Kommunikation ein Sender, ein Signal und ein Empfänger gehören. Und dass Kommunikation eigentlich immer stattfindet, bewusst oder unbewusst – solange ein Lebewesen am Leben ist, kann es Signale aussenden und/oder empfangen.

Im zweiten Teil dieses Buches wurde auf eine Form der Kommunikation eingegangen, bei der das Aussenden und Empfangen optischer Signale den Schwerpunkt bildet: das Ausdrucksverhalten. Es wurde besprochen in welchem sozialen Kontext Hunde untereinander welches Verhalten zeigen und auf die Feinheiten der hundlichen Ausdrucksweise hingewiesen.

Im letzten Teil wurde das Zusammenleben von Hunden mit Menschen näher betrachtet. Es wurde versucht an verschiedenen Beispielen zu erklären, warum es manchmal bei der Kommunikation zwischen Hunden und Menschen Missverständnisse geben kann und wie man diese vermeidet.

Seit Jahrtausenden begleiten Hunde den Menschen. Meist wurden Hunde zu einem bestimmten Zweck gehalten; zur Jagd, als Wachhund oder zum Hüten einer Herde. Erst in den letzten 100 Jahren wurden Hunde vermehrt zur Gesellschaft des Menschen gehalten, als Begleiter und Familienmitglieder. Über fast die gleiche Zeit beschäftigt man sich mit der Erziehung von Hunden. Bestimmte (erwünschte) Verhaltensweisen sollen gezeigt werden, andere (unerwünschte) Verhaltensweisen sollen unterbleiben.

Der Familienhund soll sich auf Kommando Setzen, Zurückkommen oder auf seinen Platz gehen; er soll aber nicht jagen oder den Besuch verscheuchen – auch wenn dieses Verhalten im Rahmen ganz normalen Hundeverhaltens gezeigt wird.

Bevor man durch Grundlagenforschung zu Erkenntnissen über Kommunikation, Lerntheorie, Sozialverhalten von Wölfen etc. gelangte, war die Erziehung von Hunden überwiegend durch Anwendung von Strafe geprägt: Unerwünschtes Verhalten wie Ungehorsam oder bestimmte »Unarten« wurden bestraft. Heute weiß man, dass viele Probleme mit Hunden durch den richtigen Umgang gar nicht erst entstehen – und dass der Einsatz von Strafe bei der Erziehung eine Methode ist, zu der es viele Alternativen gibt, die das Vertrauensverhältnis zwischen Mensch und Hund weit weniger belasten

Wir hoffen, in diesem Buch einige Missverständnisse in der Kommunikation zwischen Menschen und Hunden ausgeräumt und durch ein besseres Verständnis für den Partner »Hund« die Grundlage für ein harmonisches Zusammenleben geschaffen zu haben.

Service

117	Lexikon	120	Register
119	Zum Weiterlesen	122	Impressum, Bildnachweis
119	Adressen	124	InfoLine

Lexikon

AGONISTIK: Alle Verhaltensweisen, die geeignet sind, eine räumlich-zeitliche Distanz zu einem Gegner herzustellen. Dazu gehören defensive Verhaltensweisen (Drohen) und offensive Verhaltensweisen (Attacke).

AGGRESSION: hier im Sinne von gehemmter und ungehemmter Attacke gemeint.

BIOLOGISCHE FFITNESS: Ausmaß, wie weit ein Lebewesen die eigenen Gene zum Genpool der nächsten Generation beisteuert.

DEESKALATION: Konfliktbereinigung ohne offensive Elemente. Auf Schadenminimierung bei beiden Seiten ausgerichtet.

DEPRIVATION: Mangel; z. B. Mangel an wichtigen Stimuli und Einflüssen während der Welpenentwicklung.

DISTRESSGERÄUSCHE: Sie zeigen an, dass sich ein Lebewesen unwohl fühlt, Angst oder generell Stress empfindet.

DOMESTIKATION: Haustierwerdung

DYADE: Zwei Lebewesen interagieren miteinander.

ERBGUT: Information, wie sich ein Lebewesen entwickeln soll; wird von den Elterntieren weitergeben an den Nachwuchs; liegt in Form von Genen vor.

ERNSTKAMPF: Kampf auf Leben und Tod.

ETHOLOGIE: Vergleichende Verhaltensforschung bzw. heute Verhaltensforschung schlechthin.

EVOLUTION: Entwicklung der Tier- und Pflanzenarten seit Entstehung biologischer Lebensformen.

FÄHE: weiblicher Wolf

GENETISCHE PRÄDISPOSITION: Veranlagung zu einer bestimmten anatomischen und physiologischen Entwicklung aufgrund der Erbinformation.

GESCHLECHTSREIFE: Ab Erreichen der G. kann sich ein Lebewesen fortpflanzen.

HABITUATION: Gewöhnung

HIERARCHIE: Rangordnung im weitesten Sinne, Struktur einer Gruppe.

HOMÖOSTASE: Gleichgewicht

HORMONE: Botenstoffe im Körper, um Verhaltensänderungen zu erreichen. Werden zumeist mit dem Blut transportiert.

IMPONIEREN: »Angeben« im weitesten Sinne. Zeigen wer man ist und was man hat. Kann Bluff beinhalten.

INFANTIZID: Kindstötung

INSTINKT: Alter Begriff für eng genetisch fixierte Verhaltensweisen, wird heute nicht mehr benutzt.

KERNTERRITORIUM: Bereich den ein

Lebewesen mindestens zur Bedarfsdeckung braucht.

- **KOMMUNIKATION:** Nachrichtenaustausch: es findet eine Verständigung zwischen biologischen oder technischen Systemen statt.
- **KONDITIONIERUNG:** Festigung von etwas Erlerntem durch sehr häufiges Wiederholen im kurzen Zeitabstand.
- **KONSOLIDIERUNGSPHASE:** Phase des Trainings; hier Einschleifen von Handlungsmustern und Bewegungsabläufen.
- **KONVENTION:** Gebrauch bestimmter Dinge bzw. zeigen von bestimmten Verhaltensmustern aufgrund häufig stillschweigender Übereinkünfte.
- **LONELINESS CRY:** Verlassenheitssignal; Ruf nach den Rudelkumpanen.
- **MODULATION:** Verändern, beeinflussen; auch im Sinne von gegenseitigem Zusammenspiel.
- **MOTIVATION:** Zustand der inneren Bereitschaft zu bestimmten Handlungen.
- **NATURE VS. NURTURE:** Englische Phrase für den Streit, welche Elemente im Verhalten eines Lebewesens angeboren und welche erlernt sind.
- **OBLIGAT SOZIALE LEBEWESEN:** Das soziale Miteinander mit Lebewesen der eigenen Art ist zum Überleben unbedingt nötig.
- **ÖKOSYSTEM:** Natürliche Einheit aus Organismen und unbelebter Umwelt, die durch ihre Wechselwirkung ein gleichbleibendes System bilden.
- **OPPORTUN:** Angebracht, geeignet
- **RESSOURCEN:** Lebens- bzw. überlebenswichtige Dinge wie Futter, Wasser oder Territorium.
- **REZEPTOREN:** Chemische Verbindungen auf Zelloberflächen, auf denen bestimmte Botenstoffe speziell andocken können.
- **RITUAL:** Verhalten nach festen Formen oder Ordnungen in bestimmten Situationen.
- **RÜDE:** Männlicher Hund oder Wolf
- **RUDEL:** Gruppe von Hunden oder Wölfen, die in einem Sozialverband leben.
- **SEMIOSPHÄRE:** Welt der uns umgebenden Signale.
- **SIGNAL:** Träger von Informationen (analoge Begriffe: Stimulus, Reiz)
- **SINNESORGAN:** Organ, welches Signale aufnimmt und sie dadurch dem Gehirn zugänglich macht.
- **SITUATIONSADÄQUAT:** angepaßt an eine bestimmte Situation.
- **SOZIAL EXPANSIVES VERHALTEN:** Verhalten, welches gezeigt wird, wenn das Tier innerhalb der sozialen Gruppe eine höhere Rangstellung erreichen will.
- **SOZIALE REIFE:** Ab jetzt gilt das Tier als sozial erwachsen.
- **SOZIALISATIONSPHASE:** Hier lernt das Tier die Spielregeln und die Kommunikation innerhalb seiner sozialen Gruppe. Es gewöhnt sich an die generelle Umgebung, in der es später leben soll/wird.
- **STRESS:** Belastungszustand für den Körper, der durch innere oder äußere Stressoren ausgelöst wurde.
- **STRESSOR:** bestimmter Faktor/Signal, welches das innere Gleichgewicht des Organismus stört und dadurch eine interne Belastung oder Schädigung auslöst.
- **SUBMISSION:** Unterordnung, Demut

Zum Weiterlesen

Abrantes, Roger: Dog Language. Wankan Tanka Publishers, Illinois 1997.

Donaldson, Jean: Hunde sind anders ... Menschen auch. Kosmos, Stuttgart 2000.

Feddersen-Petersen, Dr. Dorit: Hunde und ihre Menschen. Kosmos, Stuttgart 2001.

Feddersen-Petersen, Dr. Dorit: Hundepsychologie. Kosmos, Stuttgart 2004.

Jones, Renate: Welpenschule leichtgemacht. Kosmos, Stuttgart 2002.

Lindsay, R.S.: Applied dog behaviour and training. Iowa State. University Press, USA 2000.

Pietralla, Martin: Clickertraining für Hunde. Kosmos, Stuttgart 2000.

Pryor, Karen: Positiv bestärken, sanft erziehen. Kosmos, Stuttgart 1999.

Schöning, Barbara: Hundeverhalten. Kosmos, Stuttgart 2001.

Schöning, Barbara und Martin Pietralla: ClickerTraining für Welpen. Kosmos, Stuttgart 2002.

Scott, J.P. & J.L.Fuller: Genetics and the social behaviour of the dog. The University of Chicago Press, USA 1965.

Theby, Viviane: Hundeschule. Kosmos, Stuttgart 2002.

Winkler, Sabine: Hundeerziehung. Sanfte Erziehung von Anfang an. Kosmos, Stuttgart 2000.

Winkler, Sabine: So lernt mein Hund. Kosmos, Stuttgart 2001.

Wright, John C. und Judi Wright Lashnits: Wenn Hunde machen was sie wollen ... und wie man sie davon abbringt. Kosmos, Stuttgart 2001.

Adressen

Deutscher Hundesportverband e. V. (dhv)
Gustav-Sybrecht-Straße 42
44563 Lünen
Tel.: 0231/87 80 10
Fax: 0231/87 80 122

Verband für das Deutsche Hundewesen e.V. (VDH)
Westfalendamm 174
44141 Dortmund
Tel.: 0231/56 50 00
Fax: 0231/59 24 40
Info@vdh.de
www.vdh.de

Österreichischer Kynologenverband (ÖKV)
Johann-Teufelgasse 8
A-1238 Wien
Tel.: 0043/18 88 70 92 oder 0043/18 88 70 93
Fax: 0043/18 89 26 21
www.oekv.telecom.at/hund

Schweizerische Kynologische Gesellschaft (SKG)
Länggassstr. 8
CH-3001 Bern
Tel.: 0041/31 30 15 819
Fax: 0041/31 30 20 215
Skg.scs@bluewin.ch

Berufsverband der Hundeerzieher/innen und Verhaltensberater/innen (BHV)
Aussiedlerhof Reiterhohl
65817 Eppstein
Tel.: 06198/50 13 71
Fax: 06198/50 13 73
www.bhv-net.de

Gesellschaft für Tierverhaltenstherapie (GTVT)
c/o Dr. U Bonengel
Am Kellerberg 18a
84175 Gerzen
www.gtvt.de

Bundestierärztekammer (BTK)
Oxfordstr. 10
53111 Bonn
Tel.: 0228/72 54 60
Geschaeftsstelle@btk-bonn.de

Hundeschule Struppi & Co.
Segeberger Chausse 154
22851 Norderstedt
Tel.: 040/60 84 97 91
Fax: 040/46 77 54 18
www.struppi-co.de

Dank

Wir haben in unserem Buch sehr viele Fotos veröffentlicht, die während der Kurse in unserer Hundeschule gemacht wurden. Einige Fotos wurden zur Demonstration verschiedener Zusammenhänge gestellt und entsprechen somit natürlich nicht dem üblichen »Umgangston« zwischen dem entsprechendem Hund und seinem Besitzer. Wir möchten an dieser Stelle allen geduldigen Zweibeinern und Vierbeinern für die Mitarbeit an diesem Buch danken. Natürlich danken wir in diesem Sinne auch der Fotografin Josephine Sydow und unserer Lektorin.

▶ Register

Ablenkung 110
Abwehrdrohen 74
Aggression, Angst 109
Aggressionsverhalten 68
Agonistisches Verhalten 68
Aktive Unterwerfung 64, 88
Akustische Signale 53, 101
Allogrooming 64
Alpha-Rolle 108
Angriff 40, 74, 68, 112
Angst 45
Angst und Aggression 109
Angstabbau 111
Annäherung, Soziale 63
Arterhaltungsmodelle 21
Aufmerksamkeit 14, 41
Aufreiten 81
Auftrainieren eines Signals 16, 102
Ausdruckselemente 53, 56

Ausdrucksreduktion 54
Ausdruckverhalten 63

Bedrohung, Situative 72
Begrüßung 88
Beißen 45
Beißhemmung 49, 80, 91
Bellen 41
Belohnung 107
Beschwichtigung 103, 76
Bestrafung 104
Blickkontakt 8, 78
Briefträger 41

Chorheulen 26

Defensive Verhaltensweise 68, 72
Demut, Passive 77
Demutsgeste 28
Domestikation 44
Dominanz 43
Drohen, Abwehr 74
Drohen, Sicheres 55
Drohsignal 27
Drohverhalten 45, 68, 72

Einzellige Lebewesen 19
Energieverschwendung 45
Erbsubstanz 20
Erfahrung 41
Erfahrungen, Lern- 42
Ernstkampf 76
Erstarren 40
Erziehung 84, 100
Evolution 19

F's, vier 40
Feinde 32
Fellpflegeverhalten 64
Fiepen 49
Fight 40
Fitness 21, 25, 42
Flight 40

Flirt 40
Flucht 40
Fluchtverhalten 68, 72
Fortpflanzung 22
Freeze 40

Gähnen 81
Gehemmter Angriff 74
Gehorsam 105
Gehorsamsprobleme 5
Gehörsinn 13
Gen, egoistisches 21
Geräusche 50
Geruchskontrolle 63
Gesichtssinn 13
Geste, Demut 28
Gesten, Ranganmaßende 81, 96
Gesten, Rangzeigende 81, 97
Gesten, Submissive 70
Gestik 53

Hier 102
Hierarchien 43
Hochspringen 88
Hundekauf 48
Hundezüchter 47

Ignorieren 83
Imponierverhalten 43, 65
Individualdistanz 112
Infantizid 21
Informationsaustausch 11

Kinder 96
Knurren 72
Komm 102
Kommando, Sitz 101
Kommunikation
– Grundlagen 83
– Soziale 40
– Unbewusste 102
– Möglichkeiten 24, 50

Kommunikationsprobleme 84
Kommunikationsstrategien 38
Kommunikationssystem, 23
Kommunikationstheorie 11
Konfliktentschärfung 41
Konfliktsituationen 45
Kontakt, Sozialer 48, 86
Kontaktaufnahme 63
Kontaktliegen 64
Kontaktspiele 91
Kopfauflegen 81
Körpermerkmale 54
Körpersprache 5, 50
Kosten und Nutzen 23
Kratzen 81
Langzeitgedächtnis 25
Lecken 87
Lernbiologie 16
Lernen am Erfolg 113
Lernerfahrung 41, 42
Luftschnappen 74

Markieren 28, 66
Maulwinkellecken 64
Meideverhalten 32, 68, 72
Mimik 53
Missverständnisse 8
Motivationskonflikt 28

Nackenfellschütteln 108
Nasenrückenkräuseln 27, 46

Obligat sozial 52, 86
Offensive Verhaltensweise 68, 69
Optische Signale 53

Passive Demut 77
Pfote auflegen 67
Ranganmaßende Gesten 81, 96
Rangordnung 43, 63, 93, 98

Rangordnungsstreitigkeiten 72
Rangverhältnisse 43, 71
Ressourcen 70, 93
Ritualisierung 27
Rivalitäten 72
Rutenhaltung 55

Schadensvermeidung 38
Schmerzrezeptoren 13
Schnappen 45, 113
Schnauze umfassen 81
Schnauzenlecken 64
Schutzreflexe 20
Schwanzwedeln 30
Sender-Empfänger-Systeme 11
Sicheres Drohen 55
Signal 12, 13
– akustisches 53, 101
– Auftrainieren 102
– Definition 13
Signale trainieren 100
Signalintensität 26
Signalübertragung 84
Sinnesorgane 13
Soziale Annäherung 63
Soziale Kommunikation 40
Sozialer Umgang 52
Sozialisation 58, 71, 110
Sozialkontakt 48, 86, 94
Sozialpartner 69, 84
Sozialstruktur 43
Struktur, ‚Soziale 43, 52
Sozialverhalten 38
Spiel, Initiator 79
Spielarten 92
Spielen 78, 91
Spielregeln 7
Strategien bei Gefahr 41
Streicheln 94
Stress 6, 28
Struktur, Rang 43
Struktur, ‚Soziale 43, 52
Submission 43, 79

Tastsinn 13
Täuschungssignale 30
Territorium 6, 42, 69
Tiere, rudelfremde 44
T-Sequenz 67

Übersprungshandlung 80
Ungehemmter Angriff 74
Ungehorsam 105
Unsicherheit 45
Unterwerfung 43, 72

Verhalten
– Mensch-Hund 114
– Aggression 68
– Agonistisches 68
– Angriff 68, 112
– Beschwichtigung 76
– Drohen 45, 68, 72
– Fellpflege 64
– Flucht 68, 72
– Imponieren 43, 65
– Meiden 32, 68, 72
– Sicheres 58
– Soziales 38
– Territoriales 44
– Unsicheres 58
Verhaltensentwicklung, Welpen 46
Verhaltensweise, Defensive 68, 72
Verhaltensweise, Offensive 68, 69
Verteidigung von Ressourcen 94
Verunsicherung 28

Wedeln 30
Welpenzeit 110
Wolfsrudel 23

Zähne zeigen 27
Zerrspiele 92
Zerstörung von Dingen 90

Bildnachweis
Farbfotos von Heike Erdmann/Kosmos (2: S. 91), Thomas Höller/Kosmos (1: S. 41), Reinhard Tierfoto / Hans Reinhard (7: S. 21, 22, 27, 33, 35, 69), Reinhard Tierfoto / Nils Reinhard (1: S. 24), Christof Salata/Kosmos (34: S. 1, S. 2/3, S. 4, 10, 18, 19, 30, 31, 39, 46, 47, 48, 49, 51, 56 zweites von oben, 62, 82, 86, 87, 90, 98, 99, 102, 103), Barbara Schöning (9: S. 64, 71u, 77o, 82), Anna Sikora (3: S. 75), Kersten Röhrs (2: S. 73)Karl-Heinz Widmann/Kosmos (1: S. 36).
Alle weiteren 113 Farbfotos von Josephine Sydow wurden extra für dieses Buch aufgenommen.
Farbzeichnungen von Marianne Golte-Bechtle (7: S. 60, 61, 67, 70, 76, 77, 78)

Impressum
Umschlag von Atelier Reichert unter Verwendung von drei Farbfotos von Juniors Bildarchiv (Vorderseite groß) und Christof Salata (Vorderseite klein und Rückseite).

Mit 173 Farbfotos, 7 Farbzeichnungen.

Alle Angaben in diesem Buch erfolgen nach bestem Wissen und Gewissen. Sorgfalt bei der Umsetzung ist indes dennoch geboten. Der Verlag und die Autorin übernehmen keinerlei Haftung für Personen-, Sach- oder Vermögensschäden, die aus der Anwendung der vorgestellten Materialien und Methoden entstehen könnten.

Informationen senden wir Ihnen gerne zu
Bücher · Kalender · Spiele · Experimentierkästen · CDs · Videos
Natur · Garten & Zimmerpflanzen · Heimtiere · Pferde & Reiten · Astronomie · Angeln & Jagd · Eisenbahn & Nutzfahrzeuge · Kinder & Jugend

KOSMOS Postfach 10 60 11
D-70049 Stuttgart
TELEFON +49 (0)711-2191-0
FAX +49 (0)711-2191-422
WEB www.kosmos.de
E-MAIL info@kosmos.de

Bibliographische Information der Deutschen Bibliothek
Die Deutsche Bibliothek verzeichnet diese Publikation in der Deutschen Nationalbibliografie; detaillierte bibliografische Daten sind im Internet über http://dnb.ddb.de abrufbar.

Gedruckt auf chlorfrei gebleichtem Papier

© 2004, Franckh-Kosmos Verlags-GmbH & Co., Stuttgart
Alle Rechte vorbehalten
ISBN 3-440-09547-9
Projektleitung: Angela Beck
Redaktion: Hilke Heinemann
Gestaltungskonzept: eStudio Calamar
Produktion: Kirsten Raue / Markus Schärtlein
Printed in Czech Republic / Imprimé en République tchèque

Der Kosmos Verlag ist Mitglied in der
GKF
Gesellschaft zur Förderung Kynologischer Forschung e.V.
Postfach 140353
53058 Bonn
Service-Telefon
01 80 / 3 34 74 94

PraxisWissen Hund

Die Ratgeber mit dem großen Service

Weitere Titel aus der Reihe PraxisWissen Hund:

- Agility
- Berner Sennenhund
- Bullterrier
- Cairn Terrier
- Dackel
- Deutsche Dogge
- Deutscher Schäferhund
- Dobermann
- Entlebucher Sennenhund
- Erste Hilfe für den Hund
- Hovawart
- Hundeernährung
- Hundeerziehung
- Hundehaltung
- Hundekrankheiten
- Hundeverhalten
- Jack Russell Terrier
- Labrador Retriever
- Mischlinge
- Neufundländer
- Riesenschnauzer
- Rottweiler
- Tierheimhund und Streuner
- Westie
- Zwergschnauzer

Die Reihe wird fortgesetzt

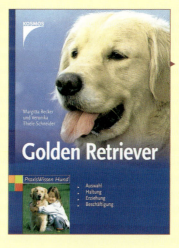

Becker/
Thiele-Schneider
Golden Retriever

ISBN 3-440-07807-8

Viviane Theby
Hundeschule

ISBN 3-440-09092-2

Jedes Buch mit
124 S., ca. 100 Abb.,
gebunden

Je € 12,90
€/A 13,30; sFr 22,60

www.kosmos.de

Preisänderung vorbehalten

InfoLine

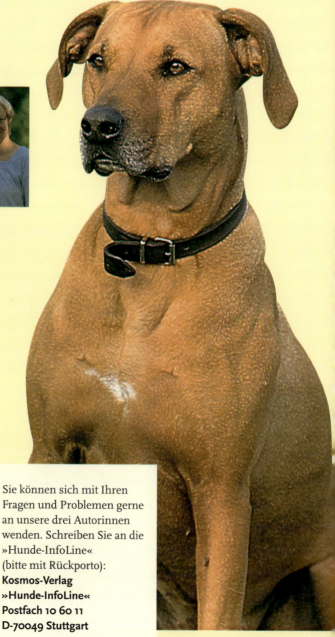

Die Tierärztinnen **Dr. Barbara Schöning, Nadja Steffen** und **Kerstin Röhrs** haben sich auf Verhaltenstherapie bei Hunden, Katzen und Pferden spezialisiert und führen gemeinsam eine tierärztliche Praxis für Verhaltenstherapie in Hamburg. Hier werden Besitzer verhaltensauffälliger Tiere beraten und Hunde und Besitzer werden zusammen praktisch in der Durchführung verhaltenstherapeutischer Maßnahmen geschult.
Dazu betreiben die Autorinnen neben der Praxis noch die Hundeschule Struppi & Co., in der sie praktische Anleitung in Sachen Hundeausbildung, Hundesprache und Hundeverhalten geben.
Frau Steffen bildet seit zwölf Jahren in ihrer eigenen Schule Blindenführhunde aus.

Sie können sich mit Ihren Fragen und Problemen gerne an unsere drei Autorinnen wenden. Schreiben Sie an die »Hunde-InfoLine«
(bitte mit Rückporto):
**Kosmos-Verlag
»Hunde-InfoLine«
Postfach 10 60 11
D-70049 Stuttgart**